公益法人等の諸問題の解決策

認定申請・定期提出書類作成の勘所

公認会計士・税理士　都井 清史 著

税務経理協会

はじめに

本書の主たる目的は，法人の関係者が苦労されている公益認定について，それをいかにうまくクリアーするかの勘所を提供することである。

筆者が関わった事例でも，何度チャレンジしても公益認定がおりなかったため，筆者に連絡を下さった法人関係者も多い。しかし，その中では「これではどう見ても無理」という事例があるのが事実である。

公益認定の審査に際して，公益認定等委員会等は単にダメだしをするのではなく，暗に「ここがまずい」ということを示唆しているのであるから，積極的にそれに気付いて直すべきである。

しかし，その真意が伝わっていないせいなのか，委員会等の意に沿わない申請を繰り返していることもあり，それでは何度認定申請を繰り返しても結果は同じである。

最も多いパターンは，公益法人会計についての知識が不足しており，根本的に間違った申請書になってしまっているケースである。

公益法人会計には独特のルールがあるため，これに習熟していない場合にはかなりトンチンカンな申請書になっていることがある。

特に特定資産の取扱いについての誤解が多く，「普通預金口座である以上は，会計の基本的なルールである一年基準に基づいて流動資産に計上するべきである」といった誤った理解をしていることもしょっちゅうである。

公益認定の際には収支相償規定，公益目的事業比率規定，遊休財産規定の財務三基準をいかにうまくクリアーするかが重要になるのであるが，その際に固定資産の特定資産としてこの財務三基準を満たすことができる特定費用準備資金や資産取得資金の積立額を活用できていないため，結果として財務三基準をクリアーできていないケースもあり，これではいつまでたっても公益認定を受けることはできない。

また，貸借対照表における引当金と引当預金を混同している例もある。

引当金はお金ではなく基本的には負債であり，企業会計原則注解 18 の要件を満たした場合は，その計上が強制される。

一方，引当預金は任意であり，特定の目的に使用するために保有するため，普通預金口座であっても上述のように特定資産として固定資産の部に計上される。

さらに，会計間取引における他会計振替額など公益法人会計に独特の勘定科目もあり，公益目的事業会計から収益事業等会計に利益を振り替えるなど(これは認められていない)，その使い方を間違っている例も多い。

公益認定がうまくいかないもう 1 つのパターンとしては，公益認定等委員会等の委員に対する公益性についてのアピールが足らず，公益性を審査する委員側が疑心暗鬼になっているケースがある。

筆者は都道府県ごとに設置されている「公益財団法人 学校給食会」に深く関わっているのであるが，ある県において「学校給食会は単にパンや牛乳を売っているだけではないか。つまり物品販売業として収益事業を行っているだけではないのか」といった反応を招いてしまったことがあった。

公益性について審査する側の主観的要素もあり，問題は深刻だったので，その問題を解決するために学校給食の「食育」つまり学校教育の一環としての側面を強調した。

これにより現在ではすべての都道府県の学校給食会において，公益認定を受けることができている。

特に公益認定における 18 基準の 1 番目である 1　公益目的事業を行うことを主たる目的とするものであること の記述について，公益性のアピールの如何によって公益認定が可能となるか否かが決まることになるので，感情をこめて思い切り熱弁をふるうくらいでちょうどいい。

公益認定申請に攻めと守りがあるとすれば，ここは攻めの部分であり，公益認定に係る申請書の中で，公益性について一種のプレゼンテーションを行うことになる。

本書の２つ目の目的は公益認定時の申請書類であると同時に，その大部分について公益認定後に毎年度提出することになる定期提出書類を適切に作成することにある。

特に別表ＡからＨまでの作成について，何がポイントになるのかを解説した。

このほかにも公益法人会計特有の会計処理として，指定正味財産から一般正味財産への振り替えがあるが，これについても事例を用いて解説している。

また，最近では一部の公益法人において，ガバナンス上の問題から公益認定の取消しといったことも起きているが，法人でガバナンス・コードを設けるなど，その対処法についても解説した。

さらに公益法人の合併や解散といったトレンドもあるため，その留意点も触れている。

特にコロナ禍の影響により，その収入がなくなったことによって経済的に困難な問題に直面している公益法人があり，最後の手段として法人の合併を検討している。

これ以外には，コロナ禍における理事会決議の省略などの各種の機関決定の方法や，公益法人特有の税務の他，最近ご質問の多い電子帳簿保存法についても付け加えた。

それでは本論に入る前に公益財団法人 公益法人協会が公益法人に対して実施したアンケート結果（「公益法人・一般法人の運営および寄附等に関するアンケート」）を見ておこう。

【表3】によると公益法人を選択してよかった理由は，社会的な信用の高さと公益目的事業が非課税という２つの理由が大きい。

また，**【表4】**によると公益法人になって苦労している点は，収支相償で事業活動が制限される点と，毎年の定期提出書類の作成事務負担が大きい点が目立っている。

一方で，**【表 5】**では再度公益法人と一般法人の選択を行うなら，やはり公益法人との回答が 8 割を超えている。

【表 1　公益法人，一般法人等の基本統計】

<table>
<tr><th>法人類型</th><th colspan="3">法人数
(2021.10.01)</th><th>前回調査
(2020.10.01)</th></tr>
<tr><td rowspan="2">公益法人</td><td>社団</td><td>4,172</td><td rowspan="2">9,630</td><td rowspan="2">+16
(9,614)</td></tr>
<tr><td>財団</td><td>5,458</td></tr>
<tr><td rowspan="2">一般法人</td><td>社団</td><td>65,704</td><td rowspan="2">73,182</td><td rowspan="2">+5,244
(67,938)</td></tr>
<tr><td>財団</td><td>7,478</td></tr>
<tr><td>合計</td><td colspan="3">82,812</td><td>+5,260
(77,552)</td></tr>
</table>

出典：国税庁法人番号公表サイトより作成。

【表 2　アンケート回答数・回答率】

<table>
<tr><th></th><th colspan="2">公益法人</th><th colspan="6">一般法人</th></tr>
<tr><td>発信件数[1]</td><td colspan="2">6,031</td><td colspan="6">6,103</td></tr>
<tr><td>有効回答数（回答率）</td><td colspan="2">1,523
(25.3 %)</td><td colspan="6">791
(13.0 %)</td></tr>
<tr><td rowspan="2">社団・財団別回答数</td><td>社団</td><td>財団</td><td colspan="3">社団</td><td colspan="3">財団</td></tr>
<tr><td>786</td><td>737</td><td colspan="3">535</td><td colspan="3">256</td></tr>
<tr><td rowspan="2">公益：行政庁別
一般：税制区分別</td><td>内閣府</td><td>都道府県</td><td colspan="2">非営利型</td><td colspan="2">共益型</td><td colspan="2">普通型</td></tr>
<tr><td>376</td><td>1,147</td><td colspan="2">404</td><td colspan="2">154</td><td colspan="2">233</td></tr>
</table>

1　発信件数は，想定到着ベース。

2　一般法人は，非営利型（非営利徹底法人）および共益型（共益法人）の場合，法人税法上は公益法人等となるが，収益事業については課税となる。普通型（特定一般法人）は法人税法上，全所得課税となる。

【表 3　公益法人を選択して良かった理由（複数回答）】

（%）

回答項目	社団	財団	合計	2020 年	2019 年
社会的な信用が一般法人よりも高い	77.9	70.1	74.1	75.8	74.0
補助金・助成金・指定管理が受けやすい	33.0	20.4	26.9	25.6	24.3
公益目的事業が非課税	49.4	62.7	55.8	55.8	56.2
公益目的事業以外の，法人本体に係る源泉分離課税やみなし寄附金などの税制優遇措置が充実している	5.2	10.9	7.9	6.8	7.0
寄附金控除の優遇措置	10.8	21.7	16.1	16.5	18.4
公益法人になって良かった点は特になし	9.4	6.0	7.7	7.2	7.6
その他	0.9	1.1	1.0	0.6	0.8

（注）%は，回答法人数 1,523 件（社団 786 件，財団 737 件）に占める割合。

【表 4　公益法人になって苦労している点（複数回答）】

（%）

回答項目	社団	財団	合計	2020 年	2019 年
収支相償で事業活動が制限される	59.0	46.3	52.9	49.3	46.4
公益目的事業比率の制限で事業活動が制限される	21.1	9.2	15.4	16.3	17.0
遊休財産の規制がある	26.0	22.5	24.3	20.7	21.9
立入検査など行政庁の監督が続く	29.1	22.7	26.0	23.2	23.1
毎年の事業報告・事業計画書の作成	28.2	15.1	21.9	22.6	23.6
毎年の計算書類・予算書の作成	19.3	13.6	16.5	17.2	18.6
変更認定申請・変更届出の手続き	27.7	23.7	25.8	25.3	26.5
毎年の定期提出書類の作成事務負担が大きい	49.4	41.7	45.6	47.9	48.9
適正な機関運営が難しい	11.7	9.4	10.6	12.7	11.4
特になし	11.6	19.0	15.2	16.2	18.3
その他	2.3	2.8	2.6	2.8	1.6

（注）%は，回答法人数 1,523 件（社団 786 件，財団 737 件）に占める割合。

【表5　再度選択する場合の法人類型（複数回答）】

（%）

回答項目	社団	財団	合計	2020年	2019年
やはり公益法人	73.5	88.1	80.6	81.8	81.0
一般法人	22.9	9.6	16.5	14.9	16.3
特定非営利活動法人	0.5	1.1	0.8	0.5	0.7
認定特定非営利活動法人	0.1	0.1	0.1	0.4	0.5
社会福祉法人	0.1	0.0	0.1	0.3	0.3
営利法人	0.6	0.1	0.4	0.1	0.3
その他の法人	2.2	0.9	1.6	2.0	0.8

（注）%は，回答法人数1,523件（社団786件，財団737件）に占める割合。

【表6　寄附金の総収入に占める割合（複数回答）】

（%）

回答項目	社団	財団	合計	2020年	2019年
0%	66.3	40.7	53.9	51.3	50.8
10%未満	23.5	33.5	28.4	29.8	28.2
10%以上20%未満	2.9	5.2	4.0	4.2	4.8
20%以上30%未満	2.3	3.7	3.0	2.8	2.6
30%以上50%未満	1.9	4.3	3.1	3.6	3.8
50%以上	3.1	12.6	7.7	8.4	9.8

（注）%は，回答法人数1,523件（社団786件，財団737件）に占める割合。

本書が皆様の実務に少しでも役立てば幸いである。

最後に各種資料の掲載を快諾してくださった公益財団法人 公益法人協会の皆様と税務経理協会 野田ひとみ様に深くお礼を申し上げる。

都井　清史

目　次

はじめに

Chapter 1　公益認定を受けるための要件

1　法人の主たる目的（認定法５条一号）……　2

2　経理的基礎及び技術的能力（認定法５条二号）……　31

3　法人関係者への特別の利益（認定法５条三号）……　34

4　営利事業者等への特別の利益（認定法５条四号）……　35

5　投機的な取引を行う事業（認定法５条五号）……　36

6　収支相償規定（認定法５条六号）……　37

7　公益目的事業の実施に支障を及ぼすおそれ（認定法５条七号）……　63

8　公益目的事業比率 50％以上規定（認定法５条八号）……　64

9　遊休財産規制（認定法５条九号）……　65

10　理事と特別の関係がある者（認定法５条十号）……　67

11　同一の団体の範囲（認定法５条十一号）……　68

12　会計監査人の設置（認定法５条十二号）……　69

13 **役員等の報酬等の支給基準**（認定法５条十三号） …… 70

14 **社員の資格得喪に関する条件**（認定法５条十四号） …… 71

15 **他の団体の意思決定に関与することができる財産**
（認定法５条十五号） …… 72

16 **不可欠特定財産**（認定法５条十六号） …… 73

17 **公益目的取得財産の贈与・帰属先**（認定法５条十七号） …… 74

18 **残余財産の贈与・帰属先**（認定法５条十八号） …… 76

Chapter 2 定期提出書類について

Section 1 事業計画書等の定期提出書類（事業年度開始の日の前日まで） …… 78

1 **提出書類**（かがみ文書） …… 78

2 **資金調達及び設備投資の見込みを記載した書類** …… 80

Section 2 事業報告等の定期提出書類（事業年度終了後３か月以内） …… 82

1 **提出書類**（かがみ文書） …… 82

2 **別紙１** …… 84

3 別紙２ …… 87

4 別紙４ …… 91

Section 3 別紙４「法人の財務に関する公益認定の基準に係る書類について」の作成 …… 94

1 定期提出書類別表 A の注意点 …… 95

2 定期提出書類別表 B の注意点 …… 114

3 定期提出書類別表 C の注意点 …… 126

4 定期提出書類別表 D の注意点 …… 165

5 定期提出書類別表 E の注意点 …… 167

6 定期提出書類別表 F の注意点 …… 169

7 定期提出書類別表 G の注意点 …… 175

8 定期提出書類別表 H の注意点 …… 178

Chapter 3 公益法人会計における指定正味財産から一般正味財産への振り替え

1 指定正味財産の部から一般正味財産の部への振り替え …… 194

2 補助金等の会計処理について …… 198

Chapter 4 近年の論点

Section 1 コロナ禍における理事会等の機関決定とこれに関連する定款の定め …… 208

Section 2 公益法人等のガバナンス …… 214

Section 3 公益法人等の法人税 …… 215

Section 4 公益法人等の消費税 …… 230

Section 5 公益法人等の合併・解散 …… 238

Section 6 電子帳簿保存法について …… 241

索引 …… 242

凡例

本書で使用した税法通達等の略称は以下のとおりです。

法令	略称
公益社団法人及び公益財団法人の認定等に関する法律	認定法
公益社団法人及び公益財団法人の認定等に関する法律施行規則	認定法施行規則
一般社団法人及び一般財団法人に関する法律	一般法
一般社団法人及び一般財団法人に関する法律施行規則	一般法施行規則
一般社団法人及び一般財団法人に関する法律及び公益社団法人及び公益財団法人の認定等に関する法律の施行に伴う関係法律の整備等に関する法律	整備法
平成〇〇年公益法人会計基準	平成〇〇年会計基準
定期提出書類の手引き	手引き

公益認定を受けるための要件

Chapter 1

それでは「公益社団法人及び公益財団法人の認定等に関する法律」(以下「認定法」という）5条に従って，公益認定を受ける要件を確認していこう。

1 法人の主たる目的
（認定法5条一号）

公益目的事業を行うことを主たる目的とするものであること。

具体的には，後述する 8 の公益目的事業比率が50％以上あることを求めるものである。

ここで公益目的事業は，学術，技芸，慈善その他の公益に関する「認定法」別表各号に掲げる事業で，「不特定多数の者の利益」の増進に寄与するものをいう（認定法2条四号)。

内容的には単に公益目的事業が中心であることだけではなく，公益目的事業を安定的かつ継続的に行う意思と能力があることの説明が必要となる。

【参照条文】公益社団法人及び公益財団法人の認定等に関する法律
（平成十八年法律第四十九号）（抄）

（定義）
第2条　この法律において，次の各号に掲げる用語の意義は，当該各号に定めるところによる。
一～三（略）
四　公益目的事業 学術，技芸，慈善その他の公益に関する別表各号に掲げる種類の事業であって，不特定かつ多数の者の利益の増進に寄与するものをいう。

別表（第２条関係）

一　学術及び科学技術の振興を目的とする事業

二　文化及び芸術の振興を目的とする事業

三　障害者若しくは生活困窮者又は事故，災害若しくは犯罪による被害者の支援を目的とする事業

四　高齢者の福祉の増進を目的とする事業

五　勤労意欲のある者に対する就労の支援を目的とする事業

六　公衆衛生の向上を目的とする事業

七　児童又は青少年の健全な育成を目的とする事業

八　勤労者の福祉の向上を目的とする事業

九　教育，スポーツ等を通じて国民の心身の健全な発達に寄与し，又は豊かな人間性を涵養することを目的とする事業

十　犯罪の防止又は治安の維持を目的とする事業

十一　事故又は災害の防止を目的とする事業

十二　人種，性別その他の事由による不当な差別又は偏見の防止及び根絶を目的とする事業

十三　思想及び良心の自由，信教の自由又は表現の自由の尊重又は擁護を目的とする事業

十四　男女共同参画社会の形成その他のより良い社会の形成の推進を目的とする事業

十五　国際相互理解の促進及び開発途上にある海外の地域に対する経済協力を目的とする事業

十六　地球環境の保全又は自然環境の保護及び整備を目的とする事業

十七　国土の利用，整備又は保全を目的とする事業

十八　国政の健全な運営の確保に資することを目的とする事業

十九　地域社会の健全な発展を目的とする事業

二十　公正かつ自由な経済活動の機会の確保及び促進並びにその活性化による国民生活の安定向上を目的とする事業

二十一　国民生活に不可欠な物資，エネルギー等の安定供給の確保を目的

とする事業
二十二　一般消費者の利益の擁護又は増進を目的とする事業
二十三　前各号に掲げるもののほか，公益に関する事業として政令で定めるもの

これに加えて不特定多数の利益の増進に寄与するものとして，内閣府公益認定等委員会の公益認定等ガイドラインにある「公益目的事業のチェックポイント」の事業に該当することも要件の１つである。

このうち前者の「認定法別表各号に掲げる事業」を縦串（下図ではＡに該当），後者の公益認定等ガイドラインにある「公益目的事業のチェックポイント」の事業を横串（下図ではＢに該当）と呼んでいる。

この２つの串が交わった事業（ＡでありＢでもある）が公益目的事業になる。

公益目的事業について

「公益目的事業」の定義（公益法人認定法第２条第４号）

A　学術，技芸，慈善その他の公益に関する別表各号に掲げる種類の事業であって，
B　不特定かつ多数の者の利益の増進に寄与するものをいう。

Aについて

個々の事業が別表各号のいずれかに該当しているかを検討。

公益法人認定法別表（第２条関係）
一　学術及び科学技術の振興を目的とする事業
二　文化及び芸術の振興を目的とする事業
三　障害者若しくは生活困窮者又は事故，災害若しくは犯罪による被害者

の支援を目的とする事業
四　高齢者の福祉の増進を目的とする事業
……
二十二　一般消費者の利益の擁護又は増進を目的とする事業
二十三　前各号に掲げるもののほか，公益に関する事業として政令で定めるもの

Bについて

個々の事業が特定多数の者のみの利益の増進になってないかどうかの観点からチェックポイントに沿って検討。

※事実認定に当たって留意すべき点であり，これらを勘案して委員会で審議の上，判断することとなる。

事業区分	チェックポイント
検査検定	・・・
研究開発	・・・
表彰	・・・
展示	・・・
施設貸与	・・・
・・・	・・・

検査検定	○不特定多数の利益増進への寄与を明示？
	○検査検定の基準を公表？
	・・・

つまり縦串と横串の要件の両方共を満たす必要があるのであるが，縦串では最後の23，横串では最後の18において，それまでの事業区分に該当しない場合を用意しており柔軟性の高い規定となっているため，無理に事業をどれかにあてはめる必要はなく，最後の「その他」を利用して差し支えない。

横串における最後の18は，公益法人から例えば共益（構成員の利益）を目的とする社団法人を排除することを意味しており，公益（不特定多数の者

の利益）を目指していれば，特に問題はない。

【事業区分ごとの事業名の例】

事業区分	事業名の例（事業報告書等に記載されているもの）
1　検査検定	検査・検定，検査，検定，認証
2　資格付与	技能検定，技術検定，資格認定
3　講座，セミナー，育成	講座，講習，セミナー，シンポジウム，人材育成，育成，研修会，学術集会，学術講演会
4　体験活動等	イベント，体験，体験教室，ツアー，観察会
5　相談，助言	相談，相談対応，相談会，指導，コンサルタント，助言，苦情処理
6　調査，資料収集	調査研究，調査，統計，資料収集，情報収集，データベース作成，分析
7　技術開発，研究開発	研究開発，技術開発，システム開発，ソフト開発，研究，試験研究
8　キャンペーン，○○月間	キャンペーン，普及啓発，週間，月間，キャラバン，政策提言
9　展示会，○○ショー	展示会，博覧会，ショー，○○展，フェア，フェスタ，フェスティバル
10　博物館等の展示	○○館，コレクション，常設展示場，常設展示
11　施設の貸与	施設（又は会館，ホール，会議室）管理，施設の管理運営，施設の維持経営
12　資金貸付，債務保証等	融資，ローン，債務保証，信用保証，リース
13　助成（応募型）	助成，無償奨学金，支援，補助，援助，補助金，利子補給，家賃補助，無償貸与，無償貸付，無償レンタル
14　表彰，コンクール	表彰，○○賞，○○大賞，コンクール，コンクール大会，審査，コンテスト，グランプリ，展覧会
15　競技会	競技大会，試合，大会，○○カップ，○○杯，○○オープン
16　自主公演	公演，興行，演奏会
17　主催公演	主催公演，主催コンサート

公益目的事業のチェックポイントについて

〔構成〕

第１　公益目的事業のチェックポイントの性格

第２　「不特定かつ多数の者の利益の増進に寄与するもの」の事実認定に当たっての留意点

1. 事業区分ごとの公益目的事業のチェックポイント

(1) 検査検定，(2) 資格付与，(3) 講座，セミナー，育成，(4) 体験活動等，(5) 相談，助言，(6) 調査，資料収集，(7) 技術開発，研究開発，(8) キャンペーン，○○月間，(9) 展示会，○○ショー，(10) 博物館等の展示，(11) 施設の貸与，(12) 資金貸付，債務保証等，(13) 助成（応募型)，(14) 表彰，コンクール，(15) 競技会，(16) 自主公演，(17) 主催公演

2. 上記の事業区分に該当しない事業についてチェックすべき点

【補足】横断的注記

第１　公益目的事業のチェックポイントの性格

認定法第２条第４号に定める公益目的事業の定義は，

A（学術，技芸，慈善その他の公益に関する別表各号に掲げる種類の事業）であって，

B（不特定かつ多数の者の利益の増進に寄与するもの）

という構成をとっており，公益目的事業か否かについては，Ａであって B となっているかを判断することとなる（別紙)。

このうちＡの部分については認定法の別表各号で明示しているため，Bの部分，すなわち「不特定かつ多数の者の利益の増進に寄与するもの」という事実があるかどうかを認定するに当たっての留意点として，第2の1. に公益目的事業のチェックポイントを掲げる。

なお，法人の行う事業がが公益目的事業か否かについては，認定法第５条各号の基準への適合性を審査するに際して，有識者で構成される公益認定等

委員会（都道府県にあっては，当該都道府県に置かれた合議制の機関）において判断することとなる。本チェックポイントは，これに適合しなければ直ちに公益目的事業としないというような基準ではなく，上記Ｂの事実認定に当たっての留意点であり，公益目的事業か否かについては本チェックポイントに沿っているかを勘案して判断することとなる。

また，本チェックポイントは，事業が不特定かつ多数の者の利益の増進に寄与するものであることを説明するために，法人がどのような点について明らかにすればよいかを示す意義もある。

第２ 「不特定かつ多数の者の利益の増進に寄与するもの」の事実認定に当たっての留意点

1．事業区分ごとの公益目的事業のチェックポイント

以下，事業の特性に応じた（1）～(17）の事業区分ごとに，公益目的事業のチェックポイントを掲げる。

なお，(1)～(17）は法人の行う多種多様な事業の中から典型的な事業について整理したものであり，各事業区分について，事業報告書等に記載されている事業名を別添に付す。

また，これ以外の事業は公益目的事業ではないということではなく，これ以外の事業についてのチェックすべき点については，「2．上記の事業区分に該当しない事業についてチェックすべき点」に掲げる。

（1）検査検定

ここでいう「検査検定」は，申請に応じて，主として製品等の安全性，性能等について，一定の基準に適合しているかの検査を行い，当該基準に適合していれば当該製品の安全性等を認証する事業のことである。

法人の事業名としては，検査，検定，認証等としている。

公益目的事業としての「検査検定」は，製品等の安全性，性能等について適切に確認することを趣旨としている必要がある。また，審査の質が低いと却って不特定多数の者の利益を害しかねない。

したがって，審査の公正性や質が確保されているかに着目して事実認定するのが有効であると考えられる。

このため，公益目的事業のチェックポイントは以下のとおり。

① 当該検査検定が不特定多数の者の利益の増進に寄与することを主たる目的として位置付け，適当な方法で明らかにしているか。

② 当該検査検定の基準を公開しているか。

③ 当該検査検定の機会が，一般に開かれているか。

④ 検査検定の審査に当たって公正性を確保する仕組みが存在しているか。（例：個別審査に当たって申請者と直接の利害関係を有する者の排除，検定はデータなど客観的方法による決定）

⑤ 検査検定に携わる人員や検査機器についての必要な能力の水準を設定し，その水準に適合していることを確認しているか。（例：検査機器の定期的点検と性能向上／能力評価の実施／法令等により求められる能力について許認可を受けている）

(2) 資格付与

ここでいう「資格付与」は，申請者の技能・技術等について，一定の水準に達しているかの試験を行い，達していれば申請者に対して資格を付与する事業のことである。

法人の事業名としては，技能検定，資格認定等としている。文化及び芸術の振興に係るものについては，「(3) 講座，セミナー，育成」を適用する。

公益目的事業としての「資格付与」は，技能・技術等について，一定の水準に達しているかについて適切に確認することを趣旨としている必要がある。

したがって，審査の公正性や質が確保されているかに着目して事実認定するのが有効であると考えられる。

このため，公益目的事業のチェックポイントは以下のとおり。

① 当該資格付与が不特定多数の者の利益の増進に寄与することを主たる目的として位置付け，適当な方法で明らかにしているか。

② 当該資格付与の基準を公開しているか。

③　当該資格付与の機会が，一般に開かれているか。

（注）ただし，高度な技能・技術等についての資格付与の場合，質を確保するため，レベル・性格等に応じた合理的な参加の要件を定めることは可。

④　資格付与の審査に当たって公正性を確保する仕組みが存在しているか。（例：個別審査に当たって申請者と直接の利害関係を有する者の排除）

⑤　資格付与の審査に当たって専門家が適切に関与しているか。

(3) 講座，セミナー，育成

ここでいう「講座，セミナー，育成」は，受講者を募り，専門的知識・技能等の普及や人材の育成を行う事業のことである。

法人の事業名としては，講座，講習，セミナー，育成等としている。防災研修など社会的な課題への対処，文化，芸術等の振興を目的とした専門的知識・技能の講座等があげられる。

公益目的事業としての「講座，セミナー，育成」は，専門的知識・技能等の普及や人材の育成を行うことを趣旨としている必要がある。

したがって，その事業内容につき一定の質が確保されているか等に着目して事実認定するのが有効であると考えられる。

このため，公益目的事業のチェックポイントは以下のとおり。

①　当該講座，セミナー，育成（以下「講座等」）が不特定多数の者の利益の増進に寄与することを主たる目的として位置付け，適当な方法で明らかにしているか。

②　当該講座等を受講する機会が，一般に開かれているか。

（注）ただし，高度な専門的知識・技能等を育成するような講座等の場合，質を確保するため，レベル・性格等に応じた合理的な参加の要件を定めることは可。

③　当該講座等及び専門的知識・技能等の確認行為（受講者が一定のレベルに達したかについて必要に応じて行う行為）に当たって，専門家が適切に関与しているか。

（注）専門的知識の普及を行うためのセミナー，シンポジウムの場合には，確認行為については問わない。

④　講師等に対して過大な報酬が支払われることになっていないか。

(4) 体験活動等

ここでいう「体験活動等」は，公益目的のテーマを定め，比較的短期間の体験を通じて啓発，知識の普及等を行う事業のことである。

法人の事業名としては，○○体験，○○教室等としている。

公益目的事業としての「体験活動等」は，公益目的として設定されたテーマについて体験を通じた啓発・普及活動を趣旨としている必要がある。

したがって，本来の公益目的と異なり，業界団体の販売促進や共同宣伝になっていないか等に着目して事実認定するのが有効であると考えられる。

このため，公益目的事業のチェックポイントは以下のとおり。

①　当該体験活動等が不特定多数の者の利益の増進に寄与することを主たる目的として位置付け，適当な方法で明らかにしているか。

②　公益目的として設定されたテーマを実現するためのプログラムになっているか。(例：テーマで謳っている公益目的と異なり，業界団体の販売促進や共同宣伝になっていないか)

③　体験活動に専門家が適切に関与しているか。

(5) 相談，助言

ここでいう「相談，助言」は，相談に応じて，助言や斡旋その他の支援を行う事業のことである。

法人の事業名としては，相談，助言，苦情処理等としている。支援を行うに当たっては専門家を派遣することもある。

公益目的事業としての「相談，助言」は，問題を抱える者に対して適切に助言等の支援を行うことを趣旨としている必要がある。

したがって，助言の質の確保に着目して事実認定するのが有効であると考えられる。

このため，公益目的事業のチェックポイントは以下のとおり。

①　当該相談，助言が不特定多数の者の利益の増進に寄与することを主た

る目的として位置付け，適当な方法で明らかにしているか。

② 当該相談，助言を利用できる機会が一般に開かれているか。

③ 当該相談，助言には専門家が適切に関与しているか。(例：助言者の資格要件を定めて公開している)

(6) 調査，資料収集

ここでいう「調査，資料収集」は，あるテーマを定めて，法人内外の資源を活用して，意識や実態等についての調査，資料収集又は当該調査の結果その他の必要な情報を基に分析を行う事業のことである。

法人の事業名としては，調査，統計，資料収集等としている。

公益目的事業としての「調査，資料収集」は，原則として，その結果が社会に活用されることを趣旨としている必要がある。

したがって，結果の取扱いに着目して事実認定するのが有効であると考えられる。

このため，公益目的事業のチェックポイントは以下のとおり。

① 当該調査，資料収集が不特定多数の者の利益の増進に寄与することを主たる目的として位置付け，適当な方法で明らかにしているか。

② 当該調査，資料収集の名称や結果を公表していなかったり，内容についての外部からの問合せに答えないということはないか。

(注) ただし，受託の場合，個人情報保護，機密性その他の委託元のやむを得ない理由で公表できない場合があり，この場合は，当該理由の合理性について個別にその妥当性を判断する。

③ 当該調査，資料収集に専門家が適切に関与しているか。

④ 当該法人が外部に委託する場合，そのすべてを他者に行わせること(いわゆる丸投げ) はないか。

(7) 技術開発，研究開発

ここでいう「技術開発，研究開発」は，あるテーマを定めて，法人内外の資源を活用して技術等の開発を行う事業のことである。なお，成果については，成果の発表や論文の発表を行うとともに，知的財産権の取得を行うのが一般的である。

法人の事業名としては，技術開発，研究開発，研究，システム開発等としている。

公益目的事業としての「技術開発，研究開発」は，原則として，その成果が社会に活用されることを趣旨としている必要がある。

したがって，成果の普及をしているかに着目して事実認定するのが有効であると考えられる。

このため，公益目的事業のチェックポイントは，「(6) 調査，資料収集」のチェックポイントと同じ。

(8) キャンペーン，○○月間

ここでいう「キャンペーン，○○月間」は，ポスター，新聞その他の各種広報媒体等を活用し，一定期間に集中して，特定のテーマについて対外的な啓発活動を行う事業のことである。

法人の事業名としては，キャンペーン，○○運動，○○月間等としている。

各種広報媒体等とは，ポスター，リーフレット，新聞，テレビ，ラジオ，車内広告，電光掲示板等。なお，キャンペーンの手段として特定の機関等に対する要望・提案を行う場合がある。

公益目的事業としての「キャンペーン，○○月間」は，公益目的として設定されたテーマについて啓発・普及を行うことを趣旨としている必要がある。

したがって，その趣旨から逸れて，販売促進や共同宣伝を行うのが主眼となっていないか，キャンペーンの一環として要望・提案を行う場合に，メリットが特定多数の者に限定されるような内容となっていないかに着目して事実認定するのが有効であると考えられる。

このため，公益目的事業のチェックポイントは以下のとおり。

① 当該キャンペーンが不特定多数の者の利益の増進に寄与することを主たる目的として位置付け，適当な方法で明らかにしているか。

② 公益目的として設定されたテーマを実現するプログラムになっている

か。(例：テーマで謳っている公益目的と異なり，業界団体の販売促進や共同宣伝になっていないか)

③ （要望・提案を行う場合には,）要望・提案の内容を公開しているか。

(9) 展示会，○○ショー

ここでいう「展示会，○○ショー」は，展示という手段により，特定のテーマについて対外的な啓発・普及活動を行う事業（文化及び芸術の振興に係る事業を除く。）のことである。比較的短期間であるため，法人が会場を借り上げ，ブースを出展者に貸す場合が多い。

法人の事業名としては，展示会，博覧会，ショー，フェア等としている。

公益目的事業としての「展示会，○○ショー」は，公益目的として設定されたテーマについて啓発・普及を行うことを趣旨としている必要がある。

したがって，その趣旨から逸れて，販売促進や共同宣伝を行うのが主眼となっていないか，また，出展者を選定するに当たって公正性が確保されているかに着目して事実認定するのが有効であると考えられる。

このため，公益目的事業のチェックポイントは以下のとおり。

① 当該展示会が不特定多数の者の利益の増進に寄与することを主たる目的として位置付け，適当な方法で明らかにしているか。

② 公益目的として設定されたテーマを実現するプログラムになっているか。(例：テーマに沿ったシンポジウムやセミナーを開催／出展者にはテーマに沿った展示を厳守させている／テーマで謳っている公益目的と異なり，業界団体の販売促進や共同宣伝になっていないか(注)／入場者を特定の利害関係者に限っていないか)

(注) 公益目的と異なるプログラムになっていないかを確認する趣旨であり，公益目的と異なっていない限り，製品等の紹介も認め得る。

③ （出展者を選定する場合,）出展者の資格要件を公表するなど，公正に選定しているか。(例：出展料に不当な差別がないか)

(10) 博物館等の展示

ここでいう「博物館等の展示」は，歴史，芸術，民俗，産業，自然科学等に関する資料を収集・保管し，展示を行う事業のことである。

法人の事業名としては，○○館，コレクション，常設展示，企画展等としている。

公益目的事業としての「博物館等の展示」は，歴史，芸術，民俗，産業，自然科学等に関する資料に直接接する機会を不特定多数の者に与えることを趣旨としている必要がある。

したがって，テーマを適切に定めるとともに，展示内容にそのテーマを反映させているか，一定の質が確保されているか等に着目して事実認定するのが有効であると考えられる。

このため，公益目的事業のチェックポイントは以下のとおり。

① 当該博物館等の展示が不特定多数の者の利益の増進に寄与することを主たる目的として位置付け，適当な方法で明らかにしているか。

② 公益目的として設定されたテーマを実現するプログラムになっているか。(例：テーマに沿った展示内容／出展者にはテーマに沿った展示を厳守させている／テーマで謳っている公益目的とは異なり，業界団体の販売促進や共同宣伝になっていないか)

③ 資料の収集・展示について専門家が関与しているか。

④ 展示の公開がほとんど行われず，休眠化していないか。

(11) 施設の貸与

ここでいう「施設の貸与」は，公益目的のため，一定の施設を個人，事業者等に貸与する事業のことである。

法人の事業名としては，○○施設の貸与，○○施設の利用等としている。

(注 1) 施設を効率的に利用する等の理由から公益目的以外で貸与するとともに，貸与以外でも例えば公益目的の主催公演で使用することも多いが，この場合には，法人は公益目的での貸与（公益目的事業），公益目的以外での貸与，公益目的の主催公演を区別した上で，費用及び収益を配賦する必要がある。配賦後の公益目的事業に係る費用が，公益目的事業費となる。

（注2）公益目的での貸与を区別するに当たり，以下の点に注意する必要がある。

・公益的な活動をしている法人に貸与する場合であっても，当該法人の収益事業，共益事業等のために貸与する場合は，公益目的での貸与とならない。

・定款で定める事業又は目的に根拠がない事業は，公益目的事業と認められないことがあり得る。

公益目的事業としての「施設の貸与」は，施設を貸与することによって公益目的を実現しようということを趣旨としている必要がある。

したがって，公益目的として設定された使用目的に沿った貸与がされるか等に着目して事実認定するのが有効であると考えられる。

このため，公益目的事業のチェックポイントは以下のとおり。

① 当該施設の貸与が不特定多数の者の利益の増進に寄与することを主たる目的として位置付け，適当な方法で明らかにしているか。

② 公益目的での貸与は，公益目的以外の貸与より優先して先行予約を受け付けるなどの優遇をしているか。

（12）資金貸付，債務保証等

ここでいう「資金貸付，債務保証等」は，公益目的で個人や事業者に対する資金貸付や債務保証等を行う事業のことである。

法人の事業名としては，資金貸付，融資，債務保証，信用保証等としている。また，資金貸付，債務保証のほか，設備導入の援助（リース，割賦販売）等も含む。

公益目的事業としての「資金貸付，債務保証等」は，公益目的として設定された事業目的に沿って資金貸付，債務保証等を行うことを趣旨としている必要がある。

したがって，事業目的として公益の増進を掲げていても実質的には構成員の共通の利益に奉仕するに過ぎないものになっていないかに着目して事実認定するのが有効であると考えられる。

このため，公益目的事業のチェックポイントは以下のとおり。

① 当該資金貸付，債務保証等が不特定多数の者の利益の増進に寄与することを主たる目的として位置付け，適当な方法で明らかにしているか。

② 資金貸付，債務保証等の条件が，公益目的として設定された事業目的に合致しているか。

③ 対象者（貸付を受ける者その他の債務者となる者）が一般に開かれているか。

④ 債務保証の場合，保証の対象が社員である金融機関が行った融資のみに限定されていないか。

⑤ 資金貸付，債務保証等の件数，金額等を公表しているか。（対象者名の公表に支障がある場合，その公表は除く。）

⑥ 当該資金貸付，債務保証等に専門家の適切な関与があるか。

（13）助成（応募型）

ここでいう「助成（応募型）」は，応募・選考を経て，公益目的で，個人や団体に対して資金を含む財産価値のあるものを原則として無償で提供する事業のことである。

法人の事業名としては，助成，給付，奨学金等としている。奨学金の場合には，無利息・長期分割返還の貸与も含む。

公益目的事業としての「助成（応募型）」は，原則として財産価値あるものの無償提供である。また，その事業の流れは，助成の対象となるべき事業・者の設定及び対象者の選考の二段階である。

したがって，この二段階で，公正性が確保されているかに着目して事実認定するのが有効であると考えられる。

このため，公益目的事業のチェックポイントは以下のとおり。

① 当該助成が不特定多数の者の利益の増進に寄与することを主たる目的として位置付け，適当な方法で明らかにしているか。

② 応募の機会が，一般に開かれているか。

③ 助成の選考が公正に行われることになっているか。
（例：個別選考に当たって直接の利害関係者の排除）

④　専門家など選考に適切な者が関与しているか。

⑤　助成した対象者，内容等を公表しているか。（個人名又は団体名の公表に支障がある場合，個人名又は団体名の公表は除く。）

⑥　（研究や事業の成果があるような助成の場合，）助成対象者から，成果についての報告を得ているか。

（14）表彰，コンクール

ここでいう「表彰，コンクール」は，作品・人物等表彰の候補を募集し，選考を経て，優れた作品・人物等を表彰する事業のことである。

法人の事業名としては，表彰，コンクール，〇〇賞等としている。なお，部内の者に対する表彰（職員の永年勤続表彰等）もあるが，ここでは対象から除く。

公益目的事業としての「表彰，コンクール」は，適切な選考を通じて，優れた作品・人物等を顕彰することを趣旨としている必要がある。

したがって，選考の質や公正性が確保されているかに着目して事実認定するのが有効であると考えられる。

このため，公益目的事業のチェックポイントは以下のとおり。

①　当該表彰，コンクールが不特定多数の者の利益の増進に寄与することを主たる目的として位置付け，適当な方法で明らかにしているか。

②　選考が公正に行われることになっているか。（例：個別選考に当たっての直接の利害関係者の排除）

③　選考に当たって専門家が適切に関与しているか。

④　表彰，コンクールの受賞者・作品，受賞理由を公表しているか。

⑤　表彰者や候補者に対して当該表彰に係る金銭的な負担（応募者から一律に徴収する審査料は除く。）を求めてないか。

（15）競技会

ここでいう「競技会」は，スポーツ等の競技を行う大会を開催する事業のことである。

法人の事業名としては，競技会，競技大会，○○大会等としている。

公益目的事業としての「競技会」は，競技者に対して技能の向上の機会を提供するとともに，当該競技の普及を図ることによってスポーツ等を振興することを趣旨としている必要がある。

したがって，競技会の質を維持・向上するような工夫がなされているかに着目して事実認定するのが有効であると考えられる。

このため，公益目的事業のチェックポイントは以下のとおり。

① 当該競技会が不特定多数の者の利益の増進に寄与することを主たる目的として位置付け，適当な方法で明らかにしているか。

② 公益目的として設定した趣旨に沿った競技会となっているか。（例：親睦会のような活動にとどまっていないか）

③ 出場者の選定や競技会の運営について公正なルールを定め，公表しているか。

（16）自主公演

ここでいう「自主公演」は，法人が，自らの専門分野について制作又は練習した作品を演じ，又は演奏する事業のことである。

法人の事業名としては，公演，興行，演奏会等としている。芸術の鑑賞機会の提供のみならず，高齢者，障害者が芸術等に触れ，癒される機会を提供すること等の福祉的なものも含まれる。

公益目的事業としての「自主公演」は，法人の専門分野の公演により，芸術等の振興や不特定多数の者に対する芸術等に触れる機会の提供を行うことを趣旨としている必要がある。

したがって，公益目的として設定された趣旨を実現できるよう，質の確保・向上の努力が行われているかに着目して事実認定するのが有効であると考えられる。

（注） 本事業区分の場合，特に当該事業が認定法の別表各号（例えば「文化及び芸術の振興を目的とする事業」）に該当するかが重要であるが，実質的に判断することとなる。

このため，公益目的事業のチェックポイントは以下のとおり。

① 当該自主公演が不特定多数の者の利益の増進に寄与することを主たる目的として位置付け，適当な方法で明らかにしているか。

② 公益目的として設定された趣旨を実現できるよう，質の確保・向上の努力が行われているか。

(17) 主催公演

ここでいう「主催公演」は，法人が，主として外部制作の公演の選定を行い，主催者として当該公演を実施する事業のことである。

法人の事業名としては，主催公演，主催コンサート等としている。芸術の鑑賞機会の提供のみならず，高齢者，障害者が芸術等に触れ，癒される機会を提供すること等の福祉的なものも含まれる。

公益目的事業としての「主催公演」は，外部制作の公演を活用して，芸術等の振興や不特定多数の者に対する芸術等に触れる機会の提供を行うことを趣旨としている必要がある。

したがって，公益目的として設定された事業目的に沿った公演作品を適切に企画・選定することになっているかに着目して事実認定するのが有効であると考えられる。

このため，公益目的事業のチェックポイントは以下のとおり。

① 当該主催公演が不特定多数の者の利益の増進に寄与することを主たる目的として位置付け，適当な方法で明らかにしているか。

② 公益目的として設定された事業目的に沿った公演作品を適切に企画・選定するためのプロセスがあるか。(例：企画・選定の方針等の適切な手続が定められている／(地域住民サービスとして行われる場合）企画段階で地域住民のニーズの把握に努めている)

③ 主催公演の実績（公演名，公演団体等）を公表しているか。

2. 上記の事業区分に該当しない事業についてチェックすべき点

1.のチェックポイントは，概ね以下に集約され，1.の事業区分に該当しない事業についても，これを参考にチェックするのが有効であろう。

① 事業目的（趣旨：不特定多数でない者の利益の増進への寄与を主たる目的に掲げていないかを確認する趣旨。）

② 事業の合目的性（趣旨：事業の内容や手段が事業目的を実現するのに適切なものになっているかを確認する趣旨。）

ア 受益の機会の公開（例 受益の機会が，一般に開かれているか）

イ 事業の質を確保するための方策（例 専門家が適切に関与しているか）

ウ 審査・選考の公正性の確保（例 当該事業が審査・選考を伴う場合，審査・選考が公正に行われることとなっているか）

エ その他（例 公益目的として設定した事業目的と異なり，業界団体の販売促進，共同宣伝になっていないか）

（注）②（事業の合目的性）ア～エは例示であり，事業の特性に応じてそれぞれ事実認定上の軽重には差がある。

【補足】横断的注記

(1) 事業の単位（どのように事業をまとめるか）は，事業の実態等から類似，関連するものであれば，適宜まとめることは構わないが，以下の点に留意する必要がある。

・事業のまとめ方によっては，当該事業が複数の事業区分に該当することもあり得る。その場合，該当する複数の事業区分を適用する。（例えば，一定期間のセミナーの後，試験合格者に資格を付与する事業の場合，「講座，セミナー，育成」と「資格付与」の両方の事業区分を適用する。）

・また，収益事業等は明確に区分する必要がある。（例えば，博物館で売店事業や食堂事業を営む場合，当該事業は博物館事業とは区分する必要がある。）

・ここでの事業の単位が，収支相償の第一段階の事業の単位となる。

(2) 事業に付随して行われる会議は，当該事業の一環と整理して構わない。（例えば，公益目的事業に係る会議（例：公益目的事業と認められるセミナーに必要な企画を行う会議）に要する費用は，公益目的事業の費用に含まれ得る。）

(3)　各用語の解説

ア　「機会が，一般に開かれているか」：共益的に行われるものを除く趣旨である。

受益の機会が特定多数の者（例えば，社団法人の社員）に限定されている場合は原則として共益と考えられる。

ただし，機会が限定されている場合でも，例えば別表各号の目的に直接貢献するといった合理的な理由がある場合，不特定かつ多数の者の利益の増進に寄与するという事実認定をし得る。（例：特定の資格等を有する者の大半で構成される法人における講習による人材の育成が学術の振興に直接貢献すると考えられる場合，受講者が社員に限定されていても，公益目的事業とし得る。）

イ　「専門家が適切に関与しているか」：ここでいう「専門家」とは，事業の内容に応じて，企画，指導，審査等を行うのに必要な知識，技術，知見等を教育，訓練，経験等によって備えている者をいう。

チェックを行う趣旨は，事業目的を実現するための質が確保されているかを確認するためである。

その関与の形態としては，必ずしも法人で雇用している必要はなく，事業を遂行するに当たって適切な関与の方法であればよい。

ここでの記述においては，社会的な弱者にとって必要不可欠の存在であることにより，営利企業では採算の合わない事業を行っていることなどを強調することで，公益性をアピールすることで公益認定に関する心象を良くすることができる。

この部分の記述が公益認定申請の際の最大の見せ所であり，法人の中でも文章力のある者が記述するとともに，法人に関連する様々な人の意見を集約した内容にすることが望ましい。

特にここでは審査する公益認定等委員会の委員の琴線に触れるような文章

が望まれる。

Ⅲ-5　別紙３：法人の事業について

1. 事業の一覧

事業には次の３種類があり，それぞれ個票を作成していただきますが，この頁は，全体を総括する一覧表になります。

- 公益目的事業 ──► 別紙３−2.（1）
- 収益事業等
  - 収益事業 ──► 別紙３−2.（2）
  - その他の事業（相互扶助等事業）──► 別紙３−2.（3）

ⓐ　事業の一覧

「事業番号」及び「事業の内容」の欄は，移行認定又は公益認定を受けた際（その後変更認定を受け，又は変更届出をしている場合には，当該変更の際）に記載したとおり，その事業の実態や性質に即して区分した単位ごとに記載してください。

⚠

複数の事業や施設，事業所，支部が存在する場合，法人の全体像を俯瞰するため，「事業・組織体系図の作成上の留意点」及び「事業・組織体系図の例」を参照の上，事業の体系，施設や事業所，支部事務所の所在地等をまとめた図を添付してください。ただし，既に行政庁に提出している場合であって，その内容に変更がないときは添付不要です。

ⓑ　事業の内容

「事業の内容」は，移行認定又は公益認定を受けた際（その後変更認定を受け，又は変更届出をしている場合には，当該変更の際）に記載したとおり，事業内容が特定できる程度に具体的に記載してください。

【別紙3：法人の事業について】

事業年度					
事業年度	自	年	月	日	法人コード	
	至	年	月	日	法人名	

1．事業の一覧

ⓐ

事業の区分		事業番号	ⓑ 事業の内容
公益目的事業		公1	
		公2	
		公3	
		公4	
		公5	
		公6	
		公7	
		公8	
		公9	
収益事業等	収益事業	収1	
		収2	
		収3	
	その他の事業	他1	
		他2	

【数年後に実施予定の事業について】

数年後に実施を予定している事業について，あらかじめ認定を受けている場合は，認定申請時と同様に記載してください。当該事業について，事業の実施年度において申請時とその内容に異なる点がなければ，改めて変更認定申請等を行う必要はありません。

また，当該事業について特定費用準備資金又は資産取得資金を計上する場合は，別表Ｃ（4）又は別表Ｃ（5）にも記載してください。

2. 個別の事業の内容について

(1) 公益目的事業について

ⓐ　事業番号及び事業の内容

別紙３「1．事業の一覧」に記載した「事業番号」及び「事業の内容」を記載してください。

ⓑ　公益目的事業比率

別表Ｂ（5）Ⅸで計算した事業比率を記載してください。

ⓒ　事業の概要

移行認定又は公益認定を受けた際（その後変更認定を受け，又は変更届出をしている場合には，当該変更の際）に以下の（注１）～（注５）を踏まえて記載した内容に対応する形で，当該事業年度において実施した当該事業の概要や実績（趣旨，内容，対象者，実施日等）が分かるように具体的に記載してください。

（注１）複数の事業をまとめている場合，構成する事業の事業名を記載してください（例えば，研修Ａと研修Ｂをまとめて１つの事業として申請する場合，この欄に，研修Ａと研修Ｂから構成される旨，記載してください。）。

その際，当該複数の事業をまとめた理由（類似・関連するものと考える理由）を記載してください。

（注 2）事業実施のための財源，事業に必要となる建物等の主な資産（賃借等による場合は，その旨）も併せて記載してください。

（注 3）事業を受託（請負を含む。）により行っている場合はその委託元と受託内容，補助金等が交付されている場合はその補助金等の名称，交付者，目的等も併せて記載してください。

（注 4）事業の重要な部分を委託している場合には，その委託部分（どのような業務について委託するのか。）が分かるように記載してください。

（注 5）施設を貸与する場合，公益目的での貸与の内容及び日数等を記載してください。

なお，事業の内容を変更する場合については，下記注意事項を参照してください。

ⓓ　事業の種類等

移行認定又は公益認定を受けた際（その後変更認定を受け，又は変更届出をしている場合には，当該変更の際）に記載した内容を記載してください。なお，事業の種類（認定法別表各号のうち，いずれの号に該当するか。）が変更となる場合，あらかじめ変更の認定を受ける必要がありますのでご注意ください。

事業の内容の変更であって，公益目的事業における受益の対象が拡大する場合など，事業の公益性についての判断が明らかに変わらないと認められる場合以外は，あらかじめ変更の認定を受ける必要があります（FAQ 問 XI-1-1 参照）。変更認定申請が必要かどうか判断に迷う場合には，事業の変更前にあらかじめ行政庁にご相談ください。

【数年後に実施予定の事業について】

数年後に実施予定の事業については，ⓔ欄及びⓕ欄の記載は不要です。

2．個別の事業の内容について

（1）　公益目的事業について　　（事業単位ごとに作成してください。）

事業番号	事業の内容	当該事業の事業比率
ⓐ		ⓑ %

〔1〕事業の概要について（注1）

ⓒ

〔2〕事業の公益性について

定款（法人の事業又は目的）上の根拠	

ⓓ

事業の種類 （別表の号）	（本事業が、左欄に記載した事業の種類に該当すると考える理由を記載してください。）

（本事業が不特定多数の者の利益の増進に寄与すると言える事実を記載してください(注2)。）

チェックポイント事業区分 （下欄▼ボタンをクリックして、法人の事業に該当の区分を選択してください。事業区分ごとのチェックポイントがその下に表示されます。該当する事業区分がないと考える場合には、最後の「上記事業区分に該当しない場合」を選択してください。）	チェックポイントに該当する旨の説明 （左欄に表示されたチェックポイントに対して、 できるだけ対応するように、 どのように事業を行うのかがわかるように 記載してください。）
事業区分を選択してください。▼ 区分ごとのチェックポイント …………………………	ⓔ その他説明事項　ⓕ

チェックポイント事業区分	チェックポイントに該当する旨の説明
事業区分を選択してください。▼ 区分ごとのチェックポイント …………………………	 その他説明事項
事業区分を選択してください。▼ 区分ごとのチェックポイント …………………………	 その他説明事項

〔3〕本事業を反復継続して行うのに最低限必要となる許認可等について（注3）

許認可等の名称	
根拠法令	ⓖ
許認可等行政機関	

注1　事業の概要の欄では、事業の実施のための財源、必要となる財産を含めて記載してください。また、事業の重要な部分を委託している場合には、その委託部分が分かるように記載してください。

注2　「公益認定等に関する運用について（公益認定等ガイドライン）」における「【参考】公益目的事業のチェックポイントについて」を参考に記載してください。

注3　記載した許認可等を得ている場合には、許認可等の写しを、現在申請中の場合には、当該許認可等の申請書を添付してください。また、「許認可等行政機関」は課名等まで記載してください。

ⓔ　チェックポイントに該当する旨

移行認定又は公益認定を受けた際（その後変更認定を受け，又は変更届出をしている場合には，当該変更の際）に記載したチェックポイントを左欄に表示し，公益認定を受けた際の記載に対応するように，事業の実績を記載してください。
公益認定を受けた際の記載と変わりがない場合は，これと同様の内容を記載することも可能です。

ⓕ　その他説明事項について

事業の公益性を補足説明することがあれば，簡潔に記載してください。移行認定又は公益認定を受けた際（その後変更認定を受け，又は変更届出をしている場合には，当該変更の際）の記載と変わりがない場合は，これと同様の内容を記載することも可能です。
＜例＞
○社会的弱者にとって必須不可欠であるが，営利企業では採算割れする等の理由により提供されないサービスを，ラストリゾートとして提供している。
○営利企業によっては過疎地等において供給されなくなる事業を，日本全国あまねくかつ広く，ユニバーサルサービスとして提供している。 など

ⓖ　許認可等について

既に提出した許認可書について，当該許認可等に有効期限があり，これを経過している場合は再度提出してください。

i

収益事業，その他の事業（相互扶助等事業）がない場合は，作成不要です。

(2) 収益事業について

（2）　収益事業について　（事業単位ごとに作成してください。）

<table>
<tr><td>事業番号</td><td>事業の内容</td><td>定款（法人の事業又は目的）上の根拠</td></tr>
<tr><td></td><td></td><td></td></tr>
<tr><td colspan="3">事業の概要</td></tr>
<tr><td colspan="3">ⓐ</td></tr>
<tr><td colspan="3">本事業を反復継続して行うのに最低限必要となる許認可等について（注1）</td></tr>
<tr><td>許認可等の名称</td><td colspan="2"></td></tr>
<tr><td>根拠法令</td><td colspan="2"></td></tr>
<tr><td>許認可等行政機関</td><td colspan="2"></td></tr>
<tr><td colspan="3">本事業の利益の額が０円以下である場合の理由又は今後の改善方策について（注2）</td></tr>
<tr><td colspan="3">ⓑ</td></tr>
</table>

注1　記載した許認可等を得ている場合には、許認可等の写しを、現在申請中の場合には、当該許認可等の申請書を添付してください。また、「許認可等行政機関」は課名等まで記載してください。

注2　本事業における利益から、管理費のうち本事業に按分される額を控除した額が、０円以下である場合に記載してください。

ⓐ　事業の概要

移行認定又は公益認定を受けた際（その後変更認定を受け，又は変更届出をしている場合には，当該変更の際）に記載した内容に対応する形で，当該事業年度において実施した事業の目的物（どのような物品又は役務か），事業の対象者，実施の方法又は機会などを記載してください。

ⓑ　「収益事業の利益の額」が「0円以下である理由」

認定法 §5⑦では，収益事業等を行うことによって公益目的事業の実施に支障を及ぼすおそれがないことが求められています。

収益事業は公益目的事業を支えるためのものであり，収益事業から生じた収益の50％は公益目的事業のために使用しなければならないことから（認定法 §18④，認定法施行規則 §24），収益事業から生じた収益が０円以下である場合には，本欄において，その理由や今後の改善方策を説明する必要があります。

(3) その他の事業（相互扶助等事業）について

（3）　その他の事業（相互扶助等事業）について　（事業単位ごとに作成してください。）

事業番号	事業の内容	定款（法人の事業又は目的）上の根拠

事業の概要
ⓐ

本事業を反復継続して行うのに最低限必要となる許認可等について（注）	
許認可等の名称	
根拠法令	
許認可等行政機関	

注　記載した許認可等を得ている場合には、許認可等の写しを、現在申請中の場合には、当該許認可等の申請書を添付してください。また、「許認可等行政機関」は課名等まで記載してください。

事業の内容の変更であって，公益目的事業における受益の対象が拡大する場合など，事業の公益性についての判断が明らかに変わらないと認められる場合以外は，あらかじめ変更の認定を受ける必要があります（FAQ 問 XI-1-1 参照）。変更認定申請が必要かどうか判断に迷う場合には，事業の変更前にあらかじめ行政庁にご相談ください。

（出典：内閣府「定期提出書類の手引き　公益法人編」）

2 経理的基礎及び技術的能力
(認定法５条二号)

公益目的事業を行うのに必要な経理的基礎及び技術的能力を有するものであること。

この経理的基礎とは，(1) 財政基盤の明確化，(2) 経理処理・財産管理の適正性，(3) 情報開示の適正性が確保されていることである。

(1) 財政基盤の明確化

財産基盤の明確化は貸借対照表，収支（損益）予算書等により，財務状況を確認し，法人の事業規模を踏まえ，必要に応じて今後の財務の見通しについて，追加的に説明を求めるとしている。

ここでいう収支（損益）予算書とは，損益ベースかつ事業別であり，内容としては正味財産増減計算書の予算書である。

貸借対照表と正味財産増減計算書の予算書を見ることで，これからの財政状態と経営成績を知ることができるため，財政基盤を審査する上での公益認定の際の重要資料として位置付けたのである。

(2) 経理処理・財産管理の適正性

これは財産の管理，運用について法人の役員が適切に関与すること，開示情報や行政庁への提出資料の基礎として十分な会計帳簿を備え付けること，不適正な経理を行わないことを求めるものである。

ここでの会計帳簿とは，例えば仕訳帳，総勘定元帳，予算の管理に必要な帳簿，償却資産その他の資産台帳，得意先元帳，仕入先元帳等の補助簿が考えられる。

予算の管理に必要な帳簿はいわゆる「予算差引簿」と呼ばれるもので，予算額と実績額及び両者の差額である予算残額を表した帳簿であり，市町村等の自治体における官庁会計では不可欠とされているものを想定している。

つまり自治体における官庁会計と同じレベルで帳簿による予算管理を求めるものである。

さらに区分経理が求められる場合は，経理区分が判別できるようにするとしており，事業別の貸借対照表や正味財産増減計算書を前提に，会計帳簿も事業別に分けることを求めている。

また，使途不明金がある場合には不適正な経理に該当するため，これは何としても避けなければならない。

(3) 情報開示の適正性

外部監査を受けている法人であるか，費用及び損失の額又は収益の額が1億円未満の法人については営利又は非営利法人の経理事務を例えば5年以上従事した者等が監事を務めることが確認されれば，適切に情報開示が行われるものとして取り扱うようになっている。

ただしこれを法人に義務付けるものではなく，このような体制にない法人においては，公認会計士，税理士又はその他の経理事務の精通者が法人の情報開示にどのように関与するのかの説明をもとに，個別に判断するとしている。

公認会計士や税理士の関与は必須ではなく，これらの関与のない法人でも公益認定を受けているのであるが，公認会計士や税理士の関与があれば公益認定を受けるうえでのプラス材料になる。

さらに公益認定申請を行う前に，数年間の適正な情報開示を行った実績があれば説得力が増す効果が期待できる。

(4) 技術的能力

技術的能力とは，事業実施のための技術，専門的人材や設備などの能力の確保のことである。

例えば検査検定事業では，人員や検査機器の能力の水準の設定とその確保が「公益目的事業のチェックポイント」に掲げられており，検査検定事業を行う法人はこれを満たす必要がある。

また，事業を行うに当たり法令上許認可等を必要とする場合は，認定法7条2項三号の書類の提出をもって技術的能力が確認されることになる。

この技術的能力は法人自身でそのすべてを保有している必要はないのであるが，実態として事業を他の法人に丸投げしている場合は技術的能力を備えていないと判断されることがありうるため注意しなければならない。

3 法人関係者への特別の利益

(認定法5条三号)

その事業を行うに当たり，社員，評議員，理事，監事，使用人その他の政令で定める当該法人の関係者に対し特別の利益を与えないものであること。

この規定は，公益法人の公益性（不特定多数の者の利益の増進に寄与すること）と，非営利性（剰余金や残余財産を構成員等に分配しないこと）を確認するための規定である。

ここで「特別の利益」とは，事業の内容や実施方法などの具体的事情に即して，社会通念に照らして合理性を欠く不相当な利益の供与や優遇措置がこれに当たり，公益認定申請時には提出書類等から判断される。

4 営利事業者等への特別の利益
（認定法５条四号）

その事業を行うに当たり，株式会社その他の営利事業を営む者又は特定の個人若しくは団体の利益を図る活動を行うものとして政令で定める者に対し，寄附その他の特別の利益を与える行為を行わないものであること。ただし，公益法人に対し，当該公益法人が行う公益目的事業のために寄附その他の特別の利益を与える行為を行う場合は，この限りでない。

これは公益性と非営利性を再確認するための規定である。

なお寄附を行うことが直ちに特別の利益の該当するものではなく，さらにここでの「その事業」は公益目的事業に限定されない。

ただし，公益法人への寄附は寄附先の公益法人で公益目的事業のために使われるため，特に問題はないとしている。

また，この寄附金が公益目的事業費に該当するためには，寄附先の公益法人は，当法人の目的・事業と類似の目的・事業を有している公益法人であることが必要となる。

この「特別の利益」を与える典型例としては，理事が経営する会社に利益を与えるような取引を行うことがあり，公益認定の取消し要因としてはこのケースが最も多い。

コロナ禍においては，相手先の資金難・財政難から特別の利益を与える可能性があるが（例えば公益法人が賃貸用不動産を所有し，賃貸している場合の家賃の減免など），その際にはこれに関する合理的な理由を用意しておかなければならない。

なお，公益認定後においても，特別の利益を与えるおそれがある場合には，報告徴収の対象となる（認定法27条１項）。

5 投機的な取引を行う事業
(認定法5条五号)

投機的な取引，高利の融資その他の事業であって，公益法人の社会的信用を維持する上でふさわしくないものとして政令で定めるもの又は公の秩序若しくは善良の風俗を害するおそれのある事業を行わないものであること。

ここでの公益法人の社会的信用を維持する上でふさわしくない事業や，投機的な取引に該当するかどうかは取引の規模，内容など具体的事情により判断されるが，例えばポートフォリオ運用（複数の銘柄での金融資産運用）の一環として行う公開市場（上場会社から成る証券取引市場）等を通じた証券取引等は差し支えないとしている。

超低金利の現在，例えば財団法人では金融資産の運用益で事業を行うのは極めて難しくなってきており，そのせいもあってかデリバティブが組み込まれたハイリスクの債券等の運用をしているケースも見受けられるが，この規定に照らしてみると，こういったハイリスクな運用は認定法上認められていないと解釈される。

6 収支相償規定

(認定法５条六号)

その行う公益目的事業について，当該公益目的事業に係る収入がその実施に要する適正な費用を償う額を超えないと見込まれるものであること。

(1) 公益目的事業会計は原則として赤字（当期経常増減額について）

正味財産増減計算書内訳表において，公益目的事業会計は基本的には利益がゼロ又はマイナスであることが求められている（収支相償規定)。

多くの公益法人ではメインの公益目的業が黒字であるため，まずここで苦労することになる。

ただし，仮にここで利益を計上していたとしても，下記の（6）（7）で述べる特定費用準備資金や資産取得資金の積立額，さらには剰余金の解消手段の説明欄を利用することで，収支相償規定を満たすことが可能であるため，黒字だからといって諦める必要はない。

(2) 収益事業等会計は原則として黒字（当期経常増減額について）

次の「7　公益目的事業以外の事業（以下「収益事業等」という）を行う場合には，収益事業を行うことによって公益目的事業の実施に支障を及ぼすおそれがないものであること」に関連して，仮に収益事業等会計が赤字であれば，公益目的事業の実施にとってマイナスになるため，収益事業等会計は原則として黒字であることが求められている。公益法人において収益事業等が認められるのは，そこで計上される利益を公益目的事業で使用する前提があるので，その前提が崩れることを避けようとしているのである。

ただし，ここでも，コロナ禍の影響もあって多くの公益法人での収益事業等は赤字であるため，法律の想定とは違っているケースが多いが，これについて合理的な説明を用意しておくことになる。

正味財産増減計算書内訳表

令和×年4月1日から令和×年3月31日まで

（単位：円）

科　　目	公益目的事業会計				収益事業等会計				法人会計	内部取引等 消去	合計
	A事業	B事業	共通	小計	a事業	b事業	共通	小計			
Ⅰ　一般正味財産増減の部											
1．経常増減の部											
(1) 経常収益											
基本財産運用益											
中科目別記載											
特定資産運用益											
中科目別記載											
受取会費											
中科目別記載											
事業収益											
中科目別記載											
受取補助金等											
中科目別記載											
受取負担金											
中科目別記載											
受取寄付金											
中科目別記載											
………………											
経常収益計											
(2) 経常費用											
事業費											
中科目別記載											
………………											
管理費											
中科目別記載											
………………											
経常費用計											
評価損益等調整前 当期経常増減額											
基本財産評価損益等											
特定資産評価損益等											
投資有価証券評価損益等											
評価損益等計											
当期経常増減額											
2．経常外増減の部											
(1) 経常外収益											
中科目別記載											
経常外収益計											
(2) 経常外費用											
中科目別記載											
経常外費用計											
当期経常外増減額											
他会計振替前 当期一般正味財産増減額											
他会計振替額											
当期一般正味財産増減額											
一般正味財産期首残高											
一般正味財産期末残高											
Ⅱ　指定正味財産増減の部											
受取補助金等											
………………											
一般正味財産への振替額											
………………											
当期指定正味財産増減額											
指定正味財産期首残高											
指定正味財産期末残高											
Ⅲ　正味財産期末残高											

(3) 第一段階と第二段階での収支相償

収支相償の計算は２つの段階で行われる。

第一段階では，個々の公益目的事業（公１，公２等）ごとに経常収益と経常費用を記載して，その差額がゼロ又はマイナス，つまり収支相償となっているかを判定する。

なお１つの公益目的事業のみを実施している場合（法人が行う公益目的事業が「公１」のみの場合）は，この第一段階を省略して，次の第二段階から始めることになる。

第二段階では，公益目的事業会計全体での収支相償を判定する。

ここでは第一段階で計上した経常収益の合計金額と経常費用の合計金額を記載し，これに公益目的事業会計の共通欄の経常収益と経常費用を追加して，公益目的事業全体の経常収益と経常費用を比較する。

共通欄の収益は，例えば具体的な事業名を指定しないで，「公益目的事業に使ってほしい」というような受取寄付金がこれに該当し，その金額が比較的大きくなりやすいことから，第一段階での収支相償は問題なくても，第二段階での収支相償で問題が生じることが多い。

その場合の問題解決方法については後ほど解説する。

(4) 収支相償規定上の事業費の範囲は極力広くとってよい

「公益認定等ガイドライン」では公益目的事業費を広く，管理費を狭くとることを許容しており，収支相償規定だけでなく，この公益目的事業比率50％以上の規定，さらには遊休財産の規制規定上も法人に有利な解釈を認めている。

特に事業費の解釈において，平成16年会計基準では**「当該法人の事業の目的のために直接要する費用」**としていたのを改め，平成20年会計基準では「直接要する」を削除して**「当該法人の事業の目的のための要する費用」**としており，事業費に関して直接費だけでなく間接費までを含めて広く定義している。

一方の管理費は「法人の事業を管理するため，毎年度経常的に要する費用」としており，その例示として，総会・評議員会・理事会の開催運営費，登記費用，理事・評議員・監事報酬，会計監査人監査報酬」を挙げており，その範囲を極めて狭く，限定的にとらえている。

さらに「事業費に含むことができる例示」として「専務理事等の理事報酬，事業部門の管理者の人件費は，公益目的事業への従事割合に応じて公益目的事業費に配賦することができる。管理部門（法人本部における総務，会計，人事，厚生等の業務を行う部門）で発生する費用（職員の人件費，事務所の賃借料，光熱水費等）は，事業費に算入する可能性のある費用であり，法人の実態に応じて算入する」としており，これらの費用を事実上，事業費に含めることを推奨している。

このように**公益目的事業費を広くとることを認めた結果，収支相償規定だけでなく公益目的事業比率 50 %以上の規定，さらには遊休財産規制の規定もクリアーしやすいように配慮されており，その匙加減は絶妙である。**

さらに共通費用の配賦に関しては，次の FAQ が参考になる。

問Ⅴ-3-②　公益目的事業比率

事業費と管理費への配賦や共通する経費の配賦は適正な基準により行うとのことですが，具体的にどのような基準であればよいでしょうか。

答　1　公益目的事業比率の計算で用いる公益実施費用額，収益等実施費用額及び管理運営費用額は，損益計算書に計上される事業費及び管理費を基礎に算定しますが，この損益計算書上の事業費，管理費はそれぞれ

(1) 事業費：当該法人の事業の目的のために要する費用

(2) 管理費：法人の事業を管理するため，毎年度経常的に要する費用

と定義しています（公益認定等ガイドラインⅠ 7.(1)）。例えば，管理者の人件費であっても，事業との関連性に応じて事業費に配賦することがで

きます。以下に挙げているような費用は，適正な配賦基準のもとで事業費に算入することができます。

（事業費に含むことができる費用の例示）

事務理事等の理事報酬，事業部門の管理者の人件費は，公益目的事業への従事割合に応じて公益目的事業費に配賦することができます。

管理部門（注）で発生する費用（職員の人件費，事務所の賃借料，光熱水費等）は，事業費に算入する可能性のある費用であり，法人の実態に応じて算入することができます。

（注）管理部門とは，法人本部における総務，会計，人事，厚生等の業務を行う部門をいいます。

2　事業費と管理費に共通して発生する費用をどのように事業費と管理費に配賦するかについては，例えば以下のような配賦基準が考えられますが，これ以外に適当と判断した基準があればそれを採用していただいて構いません。いずれにせよ過去の活動実績，関連費用のデータなどから法人において合理的と考える程度の配賦割合を決めてもらえればよく，その算定根拠を詳細かつ具体的に記載することは求めていませんし，法人においてデータ採取等のために多大な事務負担をかけていただくことはありません。

配賦基準	適用される共通費用
建物面積比	地代，家賃，建物減価償却費，建物保険料等
職員数比	福利厚生費，事務用消耗品費等
従事割合	給料，賞与，賃金，退職金，理事報酬等
使用割合	備品減価償却費，コンピューターリース代等

3　なお，この事業費，管理費への配賦の問題ではありませんが，理事，使用人等に対する不相当な福利厚生費その他の支出は，剰余金の分配を行わないという非営利法人としての性質（一般社団・財団法人法第 11 条第２項）を潜脱し，特別の利益の供与（公益法人認定法第５条第３号）として認定基準に抵触する可能性があることに注意する必要があります。

上記のFAQでは事業費に含めることができる費用を例示しているだけでなく，事業費と管理費に共通の費用の配賦基準を例示している。

共通費用の配賦基準としては，「公益認定等ガイドライン」においてもこの４つの配賦基準しか記載されていないが，上記のFAQでこれ以外に適当と判断した基準があれば，それを採用してよい旨を明らかにしている。

これ以外の適当な配賦基準としては，例えば「直接事業費の割合」や「収入割合」が挙げられるが，これは日本公認会計士協会　公益法人委員会のQ&Aや，法人税基本通達15-2-5で容認されている配賦基準である。

それだけではなく，「配賦割合についても詳細なデータを求めるものではなく，法人が合理的と考える程度の配賦割合でよい」としており，法人の実務に配慮していることが窺える。

公益認定等委員会から公表される文書（特にFAQ）は，明文化されていない部分，つまりその背景や真意を把握することが重要になるので，その意図するところを正確に読み取らなければならない。

特に類似のFAQが多数ある場合は，公益認定等委員会にその点を強調する意図があるので，読み落とさないように注意してほしい。

さらに，FAQにおいて**「可能性のある～」**という文章は頻繁にでてくるのであるが，これはむしろそうすることを勧めているわけであり，法人にとって有利な処理を採用するヒントを与えてくれていると解釈するべきである。

また，同じようなFAQが重複している場合も同様であり，法人に有利な解釈を積極的に知らせようとしている姿勢の表れである。

内閣府はあれもダメ，これもダメといった制約を課するためにFAQを出しているのではなく，法人側にとって有利になるヒントを与えるためにFAQを出しており，これを利用しないのは非常にもったいないように思う。

(5) 特定費用準備資金積立額を公益目的事業費に加えて考えてよい

公益認定申請書の最大の特徴は，将来の公益目的事業のための資金である

「特定費用準備資金」の積立額を公益目的事業費に加えて考えてよい点にある。

この積立額は会計的には流動資産の現金預金を固定資産の特定資産に移動させるだけであり，そもそも費用ではないのであるが，将来の費用を先取りする形で，現在の費用として擬制してよいとされている。なお，逆に特定費用準備資金の取崩額は，現在の費用のマイナスとして考えることになる。

この特定費用準備資金を用いた費用の擬制は，個々の公益目的事業ごとに収支相償を判定する第一段階と，公益目的事業全体で収支相償を判定する第二段階の両方で可能であり，実務的にはこれにより収支相償規定をクリアーしている例が多い。

(6) 公益法人会計の中核概念は 公益目的事業費＋特定費用準備資金積立額

収支相償規定上，公益目的事業特定費用準備資金積立額を公益目的事業費に加えて考えてよいのであるが，財務三基準の他の基準である公益目的事業比率規定や遊休財産規制の規定においても同様に考えてよいことになっており，公益認定申請書類上はすべて同じ取扱いとなっている。

公益目的事業費は会計上の費用であり，発生主義で考えるために客観性はあるものの融通が効かない性質を持っている。

一方で，**特定費用準備資金積立額はもともと会計上の費用ではなく，現金主義で考えた資金移動（流動資産から固定資産への資金移動）であるために，法人が主観的・政策的に動かすことができるので，これを通じて財務三基準を満たすことを容認しているわけである。**

公益認定申請は，一見すると非常に厳密かつ厳格な性質を持っているように見えるのであるが，法人の意思の持ち方や考え方次第で公益認定を受けることができるように工夫されており，それに気が付くかどうかが大きなポイントになる。

ここで「特定費用準備資金」について整理すると，将来の特定の活動の実施のために特別に支出する費用（事業費又は管理費として計上されることと

認定法5条六号

なるものに限るものとし，引当金の引当対象となるものを除く）に係る支出に充てるために保有する資金（その資金を運用することを目的として保有する財産を含む）をいい，例えば「調査研究事業引当資産」や「○○周年記念事業実施積立資産」等，特定の目的のために保有される資金をいう（認定法施行規則 18 条)。

ただし，この制度が法人の選択によりその事業規模の平準化を図るためにあることから，毎年度定常的に行っている活動の通常の事業規模を賄うための費用は対象とはならない。

また，当該目的活動に支出されたときには，支出額をその実施年度の費用から控除することになる。

さらに退職金の支払い等，引当金を計上するべきものについては，引当金の繰入れと取崩しを通じて同様の効果が既に得られているため，積立額を費用とみなすことはできない。

特定費用準備資金の積立方法については収益事業等を行っていない法人，又は収益事業等を行っていても利益の 50 %を公益目的事業に繰入れる法人では，毎期一定額となる規則的な積立ては求められていない。

一方，収益事業等会計における利益の 50 %超を公益目的事業に繰入れる法人では，毎期一定額となる計画的・規則的な積立てが求められている。

なお，特定費用準備資金は，以下のすべての要件を満たす必要がある（認定法施行規則 18 条 3 項)。

① 資金の目的である活動を行うことが見込まれること

「資金の目的である活動を行うことが見込まれること」とは，活動の内容及び時期が費用として擬制できる程度に具体的なものであることを必要とする。

このためには単年度又は中期事業計画等にて活動を予定していることを明らかにしており，社員総会や理事会等の承認を得ておくとよい。また，活動時期が単年度である必要はないが，法人の規模，実績等に比して実現の見込みが低い事業や，**実施までに例えば10年の長期を超えるような事業は，積立て対象として適当ではないとされている。**

積立ての対象となる活動としては，法人の定款からは根拠付けられない活動は適当ではなく，そういった特定の活動の実施に当たっては，公益目的事業の種類又は内容の変更に係る「変更の認定（認定法11条）」等が必要となる場合がある。

② 他の資金と明確に区別して管理されていること

仮に預金で保有する場合には，できれば専用の預金口座を設置して分別管理していることが理想である。これは資金管理の透明性を確保するためである。

また，当該資金は貸借対照表・財産目録上は，資金単位で適宜の名称（例：○○事業実施積立資産）を付した上で，その目的や取崩しの要件等を定めた貸借対照表上の特定資産として計上されることを要する。

③ 当該資金の目的である支出に充てる場合を除くほか，取り崩すことができないものであること，又は当該場合以外の取崩しについて，特別の手続が定められていること

これについては特定費用準備資金ごとに「規程」を設けて，原則として当該資金の目的以外には取り崩すことはできず，目的外の取崩しについては理事会の承認を必要とすると定めるとよい。

特定費用準備資金について，合理的な理由に基づかないで度々計画が変更され，実質的に同一の資金が残存し続けるような場合は，「正当な理由がないのに当該資金の目的である活動を行わない事実があった場合」に該当するため，資金は取崩しになる。

④　積立限度額が合理的に算定されていること

これは事業計画を基にして，将来の事業費について例えば外部の業者に合見積もりをとるなどして，積算根拠が客観的でかつ明確であることをいう。

⑤　③の定め，積立限度額及びその算定の根拠について，情報公開の例により備置き及び閲覧等の措置が講じられていること

これは③の規定及び④の積立限度額について，情報公開の対象とすることで客観性を確保しようとする趣旨である。

留意点として特定費用準備資金を永久に繰入れ続けて使用しないことはできず，10 年以内の取崩しが前提になっているため，これを利用して計算上の費用の額を増やすのは対症療法にすぎず，いずれはこの資金を取り崩して公益目的事業に使用することになる。

さらに**特定費用準備資金については，その設定対象に関して現在ではかなり幅広く認められており，○○周年記念事業費に充てること以外にも，将来において見込まれている収支の変動に備えて法人が自主的に積み立てる資金（基金）や，専ら法人の責に帰すことができない事情により将来の収入が減少する場合に積み立てる資金（基金）もその対象になっている。**

なお，この場合は 10 年以内ではなく 5 年以内の取崩しを予定している。

これらは新しい公益法人制度が始まった当初においては認められていなかったのであるが，現在では下記の FAQ により利用可能となっているので，これを活用することをお勧めしたい。

FAQ　問Ⅴ-3-④　公益目的事業比率

法人が保有する資金のうち，どのようなものが特定費用準備資金に当てはまるのかがわかりません。利用方法について教えて下さい。

答　1　特定費用準備資金とは，将来の特定の活動の実施のために特別に支出する費用（事業費・管理費に計上されるもので，引当金の対象となるものは除く。）に係る支出に充てるために保有する資金をいいます（公益法人認定法施行規則第18条）。たとえば，将来の特定の事業費，管理費に特別に支出するために積み立てる資金で，新規事業の開始，既存事業の拡大，数年周期で開催するイベントや記念事業等の費用が対象となります。

また，たとえば，既存事業を維持する場合であっても，将来において見込まれている収支の変動に備えて法人が自主的に積み立てる資金（基金）や専ら法人の責に帰すことができない事情により将来の収入が減少する場合に積み立てる資金（基金）も，特定費用準備資金となります（問Ⅴ-3-⑦参照）。

なお，予備費等，将来の一般的な備えや資金繰りのために保有している資金は下記２の要件を充たさないため，特定費用準備資金に該当しません（問Ⅴ-4-②参照）。

特定費用準備資金への繰入れは，会計上は貸借取引となりますが，公益目的事業比率や収支相償といった認定基準においては，この繰入れを費用とみなして取り扱うこととしています。また，将来の特定の事業費又は管理費に支出するために特定費用準備資金を取り崩した時には，当該取崩しは事業比率の算定上は費用額の減算，収支相償の判定上は収入とみなすこととなります。

2　特定費用準備資金への繰入れについては，次の要件をすべて充たしていなければなりません（同法施行規則第18条第３項，公益認定等ガイドラインⅠ-7.(5)②）。

①　資金の目的である活動を行うことが見込まれること。

②　資金の目的毎に他の資金と明確に区分して管理され，貸借対照表の特定資産に計上していること。

③　資金の目的である支出に充てる場合を除くほか，取り崩すことができないものであること又は目的外で取り崩す場合に理事会の決議を要するなど特別の手続が定められていること(注)。

④　積立限度額が合理的に算定されていること。

⑤　特別の手続の定め，積立限度額，その算定根拠について事業報告に準じた備置き，閲覧等の措置が講じられていること。

（注）目的外取崩しの特別な手続とは，例えば定款に「特定費用準備資金の管理は別途，理事会で定める手続による」と定め，目的外取崩しは理事会決議に委ねるということが考えられます。

具体的には，申請書や定期提出書類の別表Ｃ（5）において，活動の内容，計画期間，活動の実施予定時期及び積立限度額の算定方法等を記載し説明する必要があります。

3　一事業年度の特定費用準備資金への繰入額については，収益事業等を行っていない場合，又は収支相償の計算において収益事業等の利益の50％を公益目的事業財産に繰入れる場合は，計画に定めた積立限度額の範囲内であれば，特に制限はありません。

一方，収支相償の計算において収益事業等の利益の50％超を公益目的事業財産に繰入れる場合には，積立て期間内で計画的に積立てる計算が必要になりますのでご注意ください（公益認定等ガイドラインⅠ-5.（3）②（注））。

問Ⅴ-3-⑦　公益目的事業比率

将来の収支の変動に備えて法人が自主的に積み立てる特定費用準備資金について教えて下さい。

答　1　特定費用準備資金となるものの中には，例えば，既存事業を維持する場合であっても，将来において見込まれている収支の変動に備えて法人が自主的に積み立てる資金（基金）や，専ら法人の責に帰すことができない事情により将来の収入が減少する場合に積み立てる資金（基金）もあります。（問Ⅴ-3-④参照）。

2　前者の将来において見込まれている収支の変動に備えて法人が自主的に積み立てる資金（基金）については，過去の実績や事業環境の見通しを踏まえて，活動見込みや限度額の見積もりが必要となります。

想定される事例としては，公益目的保有財産である金融資産の運用益で公益活動を行う法人において，従来，年利回り５％程度で運用できていたものが，金融資産の償還等に伴い，これまでと同じ金融商品で運用すると年利回りが１％程度となる見込みの場合，臨時収入等による特定費用準備資金により，具体的に収入減少を補填するものが考えられます。

この場合の特定費用準備資金は，翌事業年度以降の５年間での収入の減少見込みを合理的に説明し，その範囲内で当該事業年度以降の５年間で積立可能な剰余金を積立て・取崩すものです。

3　後者の専ら法人の責に帰すことができない事情により将来の収入が減少する場合に積み立てる資金（基金）の事例としては，補助金等により事業を行っていた場合において，補助金等の削減が予想され，収入の減少が見込まれていることへの対応のための基金が考えられます。

この場合は，積立限度額の合理的な算定にあたっては，理事会等における認識を踏まえた，収入の減少の蓋然性の高さの説明が求められることになります。

4　どちらの場合においても，申請書や定期提出書類の別表Ｃ（5）において，具体的な説明を記載していただくことになります。また，これらの特定費用準備資金は収入減少に対応して取崩し，計画期間の満了等により特定費用準備資金を全額取り崩すまでは，再度同種の特定費用準備資金は積み立てられませんので，注意が必要です。

(7) 資産取得資金積立額は第二段階の収支相償で使える

資産取得資金の積立ては将来，公益目的事業資産を取得する際の資金の積立てであり，特定費用準備資金が将来の費用であるのに対して，資産取得資

認定法５条六号／FAQ Ⅴ-3-⑦

金は将来の資産である。

例えば，将来のソフトウェアとなるコンピューターシステムの開発資金を積み立てることにより，第二段階をクリアーすることもできる。

筆者が関与している団体に都道府県ごとに設置された「公益財団法人　学校給食会」があるが，そこでは業務用の大型冷蔵庫の取得のために資金を蓄積している財団法人もあり，こういった資金活用方法であれば，問題はないというよりもむしろ推奨するべきであろう。

公益目的事業資産は資産計上された後，土地を除いて減価償却により徐々に費用化されることになる。

また，減価償却引当資産はそのままでは資産取得資金に該当しないが，取得する資産の種類，金額及び取得時期を明確にすることで資産取得資金として取り扱うことが可能となる。

資産取得資金積立額は，収支相償規定の第一段階では公益目的事業費として擬制することはできないが，第二段階以降では以下のようにして利用できる。

すなわち収益事業等会計の利益の 50 %を公益目的事業に繰入れる場合や収益事業等を行っていない場合は，資産取得資金積立額を剰余金の解消手段として利用することができる。

なお，ここでの剰余金は収益から費用を差し引いた利益に等しい。

一方，収益事業等会計の利益の 50 %超を公益目的事業の繰入れる場合は，資産取得資金積立額を特定費用準備資金積立額と同様に収支相償上の費用とみなすことができる。

なお，資産取得資金も特定費用準備資金とほぼ同様の要件が必要（ただし 10 年以内に使用する要件はない）になるので，資産取得資金ごとに規程等の整備を行い，遵守することが必要になる。

(8) 収益事業等会計の利益の50％を公益目的事業に繰入れる場合，及び収益事業等を営んでいない場合の資産取得資金積立額

この場合は資産取得資金積立額を剰余金の解消手段として，後述する別表A-1（収益事業等の利益の50％を公益目的事業に繰入れる場合）の下段において文章で記述できるだけでなく，貸借対照表内訳表（様式1-3）の作成を省略することができるメリットがある。

貸借対照表内訳表の作成は，通常の法人では各事業に共通の資産・負債が多いことから，かなり恣意性が入るため，この内訳表が作成不要となるメリットは大きい。

さらにこれだけでなく，特定費用準備資金積立額と資産取得資金積立額には計画性・規則性が求められず，資金的に余裕のある時に多額の積立てを行い，資金的に厳しい時には積立てを中断することもできるため，非常に柔軟性の高いものとなっており，収益事業等を行う場合，筆者はできるだけこの利益の50％繰入れを行うよう推奨している。

なお，特定費用準備資金と資産取得資金については，遊休財産規制に関する以下のFAQ V-4-④で設定要件や使い方を解説しているため，参考にして頂きたい。

FAQ **問V-4-④　遊休財産額**

特定費用準備資金と資産取得資金の違いを教えてください。

答　1　特定費用準備資金（公益法人認定法施行規則第18条）は，将来の特定の事業費，管理費に特別に支出するために積み立てる資金です。将来，費用として支出することが予定されていることから，公益目的事業比率の算定上，前倒し的に積立額をみなし費用として算入することが可能なほか，資金の使途が具体的に定まっていることから遊休財産額から除外されます。

2　資産取得資金（公益法人認定法施行規則第22条第3項第3号）は，将来，公益目的事業やその他の必要な事業，活動に用いる実物資産を取得又は改良するために積み立てる資金です。資産の取得又は改良を行った時点では資金から実物資産に振り替わるだけであるため，費用で計る公益目的事業比率の算定には積立額を算入することはできませんが，資金の使途が具体的に定まっていることから遊休財産額から除外されます。

3　両資金とも，資金の目的である活動の実施や財産の取得又は改良が具体的に見込まれていること，資金毎に他の資金と区分して管理されていること，積立て限度額が合理的に算定されていること，算定の根拠が公表されていることといった要件を充たす必要があります（公益法人認定法施行規則第18条第3項及び第22条第4項，問V-3-④，問V-4-②参照）。

4　例えば，将来の事業計画として，施設等の整備を行ないつつ事業の拡充を計画している場合には，そういった施設等の資産の整備は，資産取得資金の積立対象ともなりうるところ，それらも一体のものとして特定費用準備資金に計上，管理することができます。なお，特定費用準備資金を取り崩して事業を実施した事業年度においては，事業費から資金の取崩し額を控除して公益目的事業比率を算定しますが（公益法人認定法施行規則第18条第2項及び第4項第1号），資産の取得等も一体のものとして特定費用準備資金を利用した場合には，資金のうち資産の取得等に充てられた分は費用にはならない一方，資産の取得等分も含めた資金の取崩し額は全額，事業費から控除して公益目的事業比率を算定することになるため，同比率が実際より引き下げられる結果となることに注意が必要です。

5　特定の事業と結びつくことがなく，法人の事業全体に係るインフラ整備としての設備の取得や更新，本部のある建物の修繕のための積立金は資産取得資金として計上することが適当です。

(9) 収益事業等の利益の50％超を公益目的事業に繰入れる場合の資産取得資金積立額

この場合は資産取得資金積立額を収支相償上の判定において，別表A-2の第二段階の12欄に記載することで費用として擬制できる。

ただし，この場合は貸借対照表内訳表（様式1-3）の作成を省略することができないデメリットがある。

この貸借対照表内訳表の作成に当たっては，通常の法人では各事業に共通の資産・負債が多いことから，会計区分ごとに分けて計上する際に恣意性が介入するとともに，経理面で多くの労力を要するのが普通である。

さらにこの場合は特定費用準備資金積立額と資産取得資金積立額に計画性・規則性が求められているため，毎期一定額の積立てが必要となり，いったん積立計画を立てた後は積立額を任意に増減できないデメリットがあるため，あまりお勧めできない。

(10) 剰余金が生じた場合の取扱い

これについては近年明らかにされた下記のFAQ V-2-⑤とV-2-⑥により，かなり柔軟な取扱いがなされており，現在では**翌年度の解消以外にも翌々年度での解消も可能となっている。**

問V-2-⑤　収支相償

収支相償を計算した結果，収入が費用を上回って剰余金が出た場合はどうすればよいのでしょうか。また，この剰余金は遊休財産となるのでしょうか。

答　1　収支相償の計算においては，公益目的事業に係る収入と公益目的事業に要する費用を比較することになりますが，その際には原則として各事業年度において収支が均衡することが求められます。しかしながら，ある事業年度において収入が費用を上回る場合であっても，公益目的事業拡充等に充てるための特定費用準備資金として計画的に積み立てること等で，中長期的には収支が均衡することが確認されれば，収支相償の基準は充たすものとされます（FAQ 問 V-2-③参照）。

2 (1) 収支相償は二段階で判断され，まず，第一段階として各事業単位で収支を見ることになります（FAQ 問 V-2-④参照）。第一段階において収入が費用を上回る場合には，その額はその事業の発展や受益者の範囲の拡充に充てられるべきものであり，当該事業に係る特定費用準備資金として計画的に積み立てることによって，収支相償の基準を充たすものとなります（ガイドラインⅠ-5.(1) ①参照）。

(2) 当該事業に係る特定費用準備資金を積み立てた上でも，予想外の事情の変化等によって剰余金が生じる場合もあり得ます。このような場合でも，この剰余金が連年にわたって発生し続けるものではなく，当該事業を通じて短期的に解消される見込みのあるものであれば，収支相償の基準を充たすものとして弾力的に取扱うこともあり得ます（ガイドラインⅠ-5.(4) ②参照）。

(3) 具体的には，剰余金が生じた理由及び当該剰余金を短期的に解消する具体的な計画について説明していただくことが必要です。この場合の短期的とは原則として翌事業年度ですが，その次の事業年度までかけて解消せざるを得ない場合には，その計画を説明していただくことで収支相償の基準を充たすものとして取扱うこともあり得ます。また，この剰余金は当該事業において用いられるべきものですので，翌事業年度の収支相償の計算では前事業年度の剰余金の額を当該事業に係る収入の額に加算していただくことになります。

3 (1) 第二段階では，第一段階の収支相償を充たす各公益目的事業に加え，必ずしも特定の事業に係る収支には含まれないものの，なお法人の公益活動に属する収支も加味し，法人の公益活動全体の収支を見ることになります。その際，収益事業等からの利益の50％超を公益目的事業財産に繰入れる場合には，仮に収入が費用を上回っている場合であっても，特定費用準備資金への積立て等を加えた公益目的事業に関する全ての資金収支では不足分が生じていることが前提となっていますので，剰余金が生じることはありません（FAQ 問Ⅴ-2-②参照）。

(2) 第二段階において収益事業等の利益の50％を公益目的事業財産に繰入れる場合において，収入が費用を上回る場合には，その額は公益活動全体の拡大・発展に充てられるべきものですので，公益目的事業に係る特定費用準備資金として計画的に積み立てていただくことになります。ここで剰余が生じる場合において，公益目的保有財産となる実物資産の取得又は改良に充てるための資金（資産取得資金）への積立てを行うか，当期の公益目的保有財産の取得に充てたりする場合には，収支相償の基準を充たすものとして扱います。このような状況にない場合には，翌事業年度に事業の拡大等により同額程度の損失となるように，剰余金の具体的な処理方法を説明していただくことになります（ガイドラインⅠ-5.(4)①)。

(注) 第二段階において生じる剰余金には，第一段階で生じた剰余金があればその分も含まれていますので，第二段階における剰余金の処理の説明にあたり，この相当額については「当該金額については第一段階の説明のとおり」としていただくことで足ります。

4 遊休財産額の保有の制限との関係では，収入が費用を上回った場合でも，上回る額を公益目的保有財産の取得，特定費用準備資金や資産取得資金への積立てのように使途が定まった控除対象財産（公益法人認定法施行規則第22条第3項）として整理している限りは遊休財産に該当しません。したがって，これらに該当しない剰余金の額は，遊休財産額の計算において控除の対象とはなりません。

参考 剰余金が発生した場合に必要な措置

特定費用準備資金を積み立てられない場合または特定費用準備資金を積み立てても剰余金が生じた場合には，次のいずれかの対応を取っていただく必要があります。

(1) 公益目的保有財産に係る資産取得資金への繰入れ

資産取得資金は，資金の目的である財産の取得又は改良が具体的に見込まれること，資金ごとに他の資金と区分して管理されていること，算定の根拠が公表されていることといった要件を充たす必要があります（公益法人認定法施行規則第18条第3項から第5項まで及び第22条第4項）。

なお，資金の目的である財産は，公益目的保有財産に限られます。

(2) 当期の公益目的保有財産の取得

取得する資産が金融資産の場合には，将来の公益目的事業を実施するために，当該公益目的保有財産を取得する必要性・合理性がある場合に限られます。

過去に取り崩した公益目的保有財産への充当というだけでは，必要性があるとは認められません。

(3) 翌事業年度における剰余金の解消についての説明

原則として，翌事業年度において，事業の拡大や，対価の引下げを行うことにより剰余金と同程度の損失を出すことについて，具体的にご説明いただく必要があります。

なお，事業の性質上，翌事業年度においては必ず剰余金と同程度の損失が生じることについて，具体的に説明できる場合には，そのような説明でも構いません。

(4) その他，個別の事情についての説明

(1) から (3) のほか，事業の性質上特に必要のある場合には，個別の事情についてご説明いただくことも可能です（ガイドラインⅠ-5.(4)①，②)。

ただし，基本的に，過去に生じた赤字の補填，借入金の返済等については，剰余金の解消方策として認められません。

この参考「**剰余金が発生した場合に必要な措置**」において，以下のように対応が可能な方法を列挙しており，実務上はこれに従えば問題ない。

イ　公益目的保有財産に係る資産取得資金への繰入れ

なお，資産取得資金は特定費用準備資金と同様の要件を満たす必要がある。例えば将来のソフトウェア（無形固定資産）取得のためのシステム投資資金の積立てなどがこれに該当する。

公益法人は会社と比較してIT化が遅れていることが多いため，筆者はこれを推奨している。これで剰余金が減るのかという批判はあるのであるが，特に問題ない。

ロ　当期の公益目的保有財産の取得

ただし，その取得についての必要性，合理性がある場合に限られる(FAQ V-2-⑦を参照)。したがって事業計画を実行する形での財産取得に限られる。これもモノを買って剰余金が減るのかという批判はあるのだが，特に問題ない。

ハ　翌事業年度（一定の場合は翌々事業年度（次のFAQ V-2-⑥を参照）における剰余金の解消についての説明を行う

ニ　その他，個別の事情についての説明を行う

ただし，剰余金の解消は将来において行うべきものであり，過去に生じた赤字の補填や借入金の返済等は剰余金の解消手段としては認められていない点に留意が必要である。

FAQ　問 V-2-⑥　収支相償

収支相償の剰余金解消計画は，必ず事業年度で解消するものが必要でしょうか。

答　1　収支相償は，公益目的事業に係る収入と公益目的事業に要する費用を比較することになりますが，原則として，各事業年度において収支が均衡することが求められています。ある事業年度において収入が費用を上回ったことのみをもって，直ちに報告徴収等監督措置の対象となるわけではありませんが，剰余金が生じた場合には，翌事業年度までに解消するよ

認定法5条六号／FAQ V-2-⑥

うに発生した剰余金の使い道を説明することが必要です。

2　具体的には，剰余金の発生年度の事業報告書の別表A（1）の「※第二段階における剰余金の扱い」欄に，翌事業年度における解消が実現可能であることが分かる程度に具体的な剰余金の解消計画の内容を記載することが求められます。特に，法人の事業費に比して多額の剰余金がある場合には，事業拡大の達成可能性の観点から具体的で現実的な資金の使い道（事業費の費目）について十分に説明して下さい。また，事後的には，解消計画に従って剰余金が解消されたことについて，説明を求められることもあります。

3　ただし，発生した剰余金が翌事業年度における解消計画で適切に費消することができないことについて特別の事情や合理的な理由がある場合(注1)(注2)には，使い道についてしっかりと検討した上で，より計画的に資金を活用し，効果的に公益目的事業を実施することが，公益の増進を目的とする公益法人認定法の趣旨に沿うものと考えられます。

このため，次のア～ウを前提に，収支相償の剰余金解消計画を1年延長する取扱いが認められます。なお，この場合において，行政庁は，必要に応じて特別の事情や合理的理由，資金使途の内容等について確認することになります。

ア：事業報告書の別表A（1）の「※第二段階における剰余金の扱い」欄には発生した剰余金が翌事業年度における解消計画で適切に費消することができないことについて特別の事情や合理的な理由を示すとともに，剰余金の解消計画立案のための検討のスケジュールを具体的に示すことが求められる。

イ：翌事業年度に翌々事業年度の事業計画を提出する際に，機関決定された剰余金の解消計画を提出し，翌々事業年度において剰余金を解消するまでの具体的な資金使途について説明することが求められる。

なお，財務面から計画達成を担保するため，当該剰余金に見合う資金について，貸借対照表において特定資産として表示することが必要となる。

ウ：翌々事業年度の事業報告において，剰余金が解消計画に従って解消されたか否かについて，資金の使い道を説明することが求められる。

(注 1) 合理的な理由とは，平年度における法人の事業規模に照らし，翌事業年度だけで剰余金を解消するには困難が伴うといった事情がある場合，例えば2年をかけて段階的に事業拡大を図ることが考えられます。

(注 2) 事業が恒常的に相当の黒字を産む構造になっている場合は，合理的な理由には含まれません。

参考 **収支相償の剰余金の取扱い**

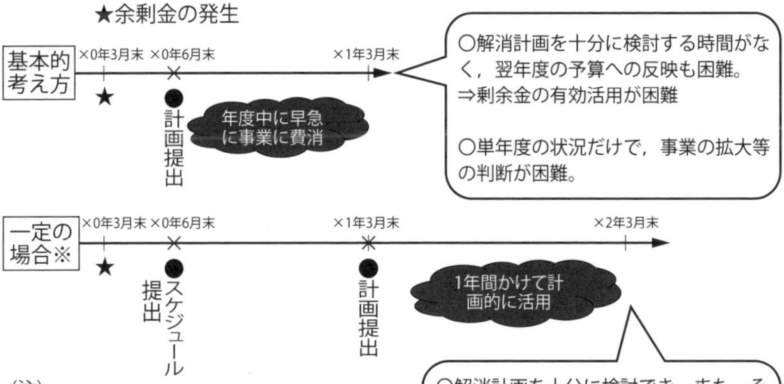

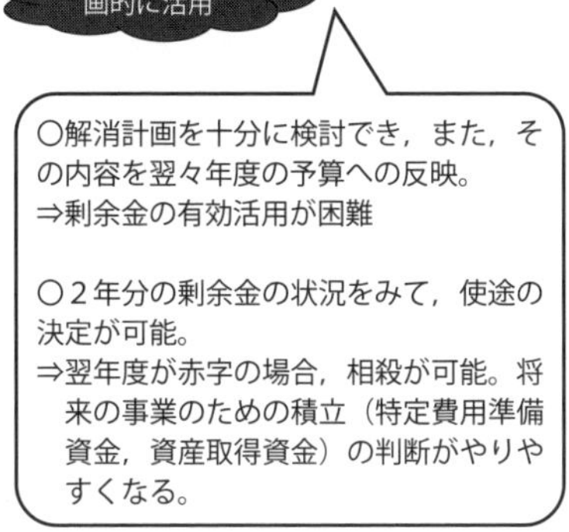

(注)

特定費用準備資金とは，
将来の特定活動の実施のために特別に支出する費用に係る支出に充てるために保有する資産であり，収支相償上は見做し費用として取り扱われる（認定規則18条）。

資産取得資金とは，
特定の財産の取得又は改良に充てるために保有する資金であり，剰余金を当該資金に積み立てることで，収支相償の基準を満たすものとして取り扱っている（認定規則22条3項3号）。

※一定の場合とは，特別な事情や合理的な理由がある場合をいう。

認定法５条六号／FAQ Ⅴ-2-⑥

このFAQ V-2-⑥でも参考「**収支相償の剰余金の取扱い**」において，**特別な事情や合理的な理由がある場合には，2年分の剰余金の状況を見て使途の決定が可能になっており，これを利用することで柔軟な対応が可能になっている。**

なお，ここでの「**合理的な理由**」とは，平年度における法人の事業規模に照らし，翌事業年度だけで剰余金を解消することには困難が伴うといった事情がある場合に，例えば2年をかけて段階的に事業拡大を図ることが考えられる。

ここでは2年間の猶予があるため，剰余金の解消計画を十分に検討でき，また，その内容を翌々年度の予算に反映させることもできるため，これにより剰余金の計画的な活用が可能となる。

さらに2年分の剰余金の状況を見て使途を決定することが可能になるので，翌年度が赤字である場合の相殺ができるだけでなく，将来の事業のための特定費用準備資金の積立てや資産取得資金の積立ての判断が行いやすくなるメリットがある。

なお，これらの資金の積立てを柔軟に行うには，収益事業等会計から公益目的事業会計への利益の繰入れは50％超繰入れではなく，50％繰入れにしておくことが必要になる。

問V-2-⑦　収支相償

収支相償の剰余金が生じた場合に，公益目的保有財産としての金融資産の取得は認められますか。

答　1　例えば，金融資産の運用益を財源として事業を行っている公益財団法人においては，公益目的保有財産としての金融資産を取得することが，事業の拡大を図るために必要な措置であると考えられます。

2　しかし，金融資産の取得が無制限に認められる場合には，公益目的保有財産の積み増しに伴って事業の拡大が適切になされなければ，内部留保を無制限に積み増していく結果になり，収支相償や遊休財産額の保有制限に関する制度の趣旨を潜脱するおそれがあります。

3　このため，剰余金の解消のために公益目的保有財産としての金融資産を取得することについては，合理的な理由がある場合に限って認められることとしています。審査に当たっては，例えば以下の①～④の内容を確認することにより，金融資産を取得することの必要性と合理性について確認することになります。

① 事業拡大に関して，実物資産ではなくて金融資産を取得して業務を拡大する必要性が明確なこと
② 事業拡大の内容は具体的になっており，それが事業計画等として法人において機関決定等（理事会等の承認，決定）を受けていること
③ 運用する金融資産について，その内容及びこれから生じる運用益の見込額が妥当であること並びに運用益が事業拡大の財源として合理的に説明できるものであること（拡大する費用と運用益のバランスが適当であること）
④ その他，事業の財源として，剰余金を用いることについて望ましい理由があること

剰余金の解消手段として公益目的保有財産としての金融資産の取得があるが，上記のFAQ V−2−⑦の３の①～④に照らして必要性と合理性があることが条件になる。

(11) 収益事業等を行っていない場合には，正味財産増減計算書内訳表（様式 2-3）の法人会計を省略できる

正味財産増減計算書内訳表を作成する際に，管理費の会計である法人会計を省略できることは，事務作業を簡略化する上でのメリットといえる。

認定法５条六号／FAQ V−2−⑦

一方で法人会計において適正な範囲内で黒字を計上していた場合は，その黒字相当額が公益目的事業会計に含まれることになるため，収支相償にとってはマイナスになるデメリットがある。

したがって，法人会計を省略する際にはメリットとデメリットを比較検討して決めなければならない。

(12) 収益事業等を行っておらず，公益目的事業が 1 つだけの場合には，正味財産増減計算書内訳（様式 2-3）の作成自体を省略できる

公益法人のうち約半数の法人では収益事業等を行っておらず，かつ公益目的事業を１つにしているが，この場合は正味財産増減計算書内訳表と貸借対照表内訳表の作成が共に不要になる。日々の経理処理や決算における作業量を減らす観点からはこの方法が理想である。

またこの方法は，公益目的事業が黒字でそれ以外の事業は赤字である公益法人にお勧めである。

この場合はすべての事業を公益目的事業であると整理し，収益事業等は行っていないという形で公益認定申請することをお勧めしたい。

黒字の事業を収益事業等と位置付けると，その事業規模が大きいことから，以下の **8** 公益目的事業比率50％以上の要件を満たさなくなる可能性が高く，赤字の事業を収益事業等として位置付けるのには無理がある。

すべての事業を公益目的事業と位置付けるとこういった問題を回避できる。

なお，法人全体で黒字となる場合には，すでに見た特定費用準備資金や資産取得資金，さらには剰余金の解消についての説明により収支相償を説明すればよい。

これに留まらず，この方法であれば，間接費の配賦のような主観的な要素を排除することもできるため，客観性のある数値で財務諸表を作成できるというメリットもある。

7 公益目的事業の実施に支障を及ぼすおそれ（認定法５条七号）

公益目的事業以外の事業（以下「収益事業等」という。）を行う場合には，収益事業等を行うことによって公益目的事業の実施に支障を及ぼすおそれがないものであること。

これは収益事業等への資源配分や事業内容の如何により公益目的事業の円滑な実施に支障が生じることのないように収益事業等に一定の歯止めをかけるものである。

収益事業等が認められているのは，あくまでもそこで得た利益を公益目的事業で使用することにより，公益目的事業を拡充することが前提となっている。

したがって，収益事業等が赤字であれば本末転倒であるため，通常はそれは止めるべきであるという判断になる。

コロナ禍の影響もあり，売上高の低迷から収益事業等会計が赤字化している例も多く，その場合は収益事業等を継続するべきか否かについて，将来の見込みを含んだ対応が求められている。

なお，収益事業会計が赤字の場合には，定期提出書類の「2　個別の事業の内容についての（2）収益事業について」の中で，赤字の理由と改善方策を説明する必要がある。

8　公益目的事業比率 50 %以上規定

(認定法 5 条八号)

その事業活動を行うに当たり，公益目的事業比率が 100 分の 50 以上となると見込まれるものであること。

(1) 公益目的事業比率とは

公益目的事業比率の分子は公益目的事業費であり，分母は事業費と管理費である。

したがって，以下となる。

$$公益目的事業比率=\frac{公益目的事業費}{事業費+管理費}\times 100\ \%$$

これらの金額は予算では収支予算書，決算では正味財産増減計算書の金額を使用する。

また，ここでも分子の公益目的事業費に特定費用準備資金の積立額を加えることができるため，収支相償規定と同じく法人の意思によりこの比率を調整することが可能である。

9 遊休財産規制

(認定法5条九号)

その事業活動を行うに当たり，遊休財産額が法律に規定する制限を超えないと見込まれるものであること。

財務三基準の３つ目がこの遊休財産規制である。

この**遊休財産額は簡単にいうと，正味財産に対応する資産のうち使途が特定されていないもの（要するに遊んでいる資産）であり，正味財産から公益目的事業等に使用されている資産を控除した残額である。**

なお，この控除の際には，負債によって取得した資産を控除しないように調整計算を行う。

遊休財産額は，正確には認定法16条２項において，以下のように定義されている。

「遊休財産額とは，公益法人による財産の使用若しくは管理の状況又は当該資産の性質にかんがみ，公益目的事業又は公益目的事業を行うために必要な収益事業等その他の業務若しくは活動のために現に使用されておらず，かつ，引き続きこれらのために使用されることが見込まれない財産として内閣府令で定めるものの価額の合計をいう。」

遊休財産を算式で示すと以下のとおりである。

遊休財産
＝正味財産－(控除対象財産－対応負債)
≦公益目的事業費＋特定費用準備資金積立額

ここで内閣府令では，法人の正味財産から以下のア～カのいずれかに該当する資産（以下「控除対象財産」という）について，その帳簿価額から対応する負債の金額を控除したものを差引いて計算するとしている。

なお，以下の号数は，認定法施行規則22条3項における号数である。

ア　公益目的事業を行うために不可欠な特定資産（1号資産）

これは博物館の展示物等を意味しており，ほとんどの公益法人ではこれに該当する資産はない。

イ　公益目的保有財産（1号資産）

継続して公益目的事業の用に供するために保有する資産であり，対象となる財産は事業の用に供する難易に限定される。

他の事業等と共用する財産については，法人において区分，分離可能な範囲で財産を確定し，表示する。その際には，可能であれば物理的に特定するが，物理的な特定が困難な場合には，一の事業の資産として確定し，減価償却費等の関連費用は使用割合等の適正な基準により按分する。

なお，金融資産については，貸借対照表において基本財産又は特定資産として計上し，その範囲を確定する。

ウ　公益目的事業を行うために必要な収益事業等その他の業務又は活動のように供する資産（2号資産）

エ　公益目的事業の資産取得資金（3号資産）

オ　公益目的事業の特定費用準備資金（4号資産）

なお，エとオについては合理的に計算された必要金額が限度となる。

カ　寄付等によって受け入れた資産で，財産を交付した者の定めた使途に従って使用または保有されているもの（5号資産）

キ　寄付等によって受け入れた資産で，財産を交付した者の定めた使途に従って使用または保有されている資金（6号資産）

カとキは指定正味財産に対応した基本財産又は特定資産を指している。

この遊休財産額が公益目的事業費を超えないような制限が遊休財産規制であるが，ここでも**公益目的事業に係る特定費用準備資金積立額を公益目的事業費に加えてよいとしている**（認定法16条）。

以上を整理すると，**公益目的事業に係る特定費用準備資金積立額は収支相**

償規定上の公益目的事業費として擬制してよいだけではなく，公益目的事業比率 50 %以上の規定上も同様に考えることが可能であり，さらにはこの遊休財産規制上も同様に考えることができるため，これを有効に使うことで財務三基準を満たすことが可能になっている。

つまり財務三基準の中核概念である公益目的事業費は，特定費用準備資金積立額を通じて，形式的に増やすことができるようになっているため，これをうまく利用することで，問題なく公益認定を受けることができる。

さらに**遊休財産規定上，特定費用準備資金を積み立てることにより，使途が不特定である流動資産の現金預金に計上されている遊休財産の使途を特定することで，遊休財産自体を減らす効果もあり，特定費用準備資金の積立てには二重の意味で遊休財産規制上のメリットがある。**

10 理事と特別の関係がある者

（認定法５条十号）

理事について，当該理事及びその配偶者又は三親等内の親族（これらの者に準ずるものとして当該理事と政令で定める特別の関係がある者を含む。）である理事の合計数が理事の総数の３分の１を超えないものであること。監事についても，同様とする。

ここで理事と特別の関係がある者とは，社会通念に従って判断され，具体的には内縁の妻などがこれに当たる。

なお，この規定は理事についての人数制限を求めるものであり，公益財団法人の評議員については，制限の対象外になっている。

11 同一の団体の範囲
（認定法5条十一号）

他の同一の団体（公益法人又はこれに準ずるものとして政令で定めるものを除く。）の理事又は使用人である者その他これに準ずる相互に密接な関係にあるものとして政令で定める者である理事の合計数が理事の総数の3分の1を超えないものであること。監事についても，同様とする。

これは，公益法人が他の団体からの支配を受けないようにするための規定である。

ここでの他の団体とは，例えば民間企業などが想定されている。

例えば，公益財団法人が，民間企業の出先機関化すると，自らの利益の獲得が目的となることで不特定多数の者の利益すなわち公益がおろそかになるおそれがあるため，これに対する歯止めをかけているものである。

なお，この規定も理事についての人数制限を求めるものであり，公益財団法人の評議員については，制限の対象外になっている。

12 会計監査人の設置

(認定法5条十二号)

会計監査人を置いているものであること。ただし，毎事業年度における当該法人の収益の額，費用及び損失の額その他の政令で定める勘定の額がいずれも政令で定める基準に達しない場合は，この限りでない。

ここでの会計監査人とは，公認会計士又は監査法人である。

「収益の額，費用及び損失の額」は共に1,000億円となっており，実際に該当する法人はほとんどないのであるが，「その他の政令で定める勘定の額がいずれも政令で定める基準に達しない場合」とは，法人の貸借対照表の負債の部の合計額が50億円未満の場合であり，この場合は会計監査人の設置は任意となる。

なお，上記の会計監査人設置の必要性は，公益認定申請直前期の収益，及び費用・損失の額と負債の額により判定される。

13 役員等の報酬等の支給基準
（認定法５条十三号）

その理事，監事及び評議員に対する報酬等（報酬，賞与その他の職務遂行の対価として受ける財産上の利益及び退職手当をいう。以下同じ。）について，内閣府令で定めるところにより，民間事業者の役員の報酬等及び従業員の給与，当該法人の経理の状況その他の事情を考慮して，不当に高額なものとならないような支給の基準を定めているものであること。

理事，監事及び評議員に対する報酬等が不当に高額である場合は，不特定多数の者の利益の実現を目指す公益法人の公益性や，剰余金の分配を禁じた非営利性に反すると考えられる。

なお，ここでの「支給の基準」では，その適切さや支給額の透明性を確保するために，理事等の勤務形態（常勤か非常勤か）に応じた報酬等の種類，金額の算定方法，支給の方法（月末に本人の銀行口座への振込など）及び形態が一般に理解できる程度に明らかにすれば足りるとされている。

また，実費支給の交通費等は報酬等に含まれず，職員等と同じである通常の福利厚生も報酬等には含まれない。

14 社員の資格得喪に関する条件

（認定法５条十四号）

一般社団法人にあっては，次のいずれにも該当するものであること。

イ　社員の資格の得喪に関して，当該法人の目的に照らし，不当に差別的な取扱いをする条件その他の不当な条件を付していないものであること。

ロ　社員総会において行使できる議決権の数，議決権を行使することができる事項，議決権の行使の条件その他の社員の議決権に関する定款の定めがある場合には，その定めが次のいずれにも該当するものであること。

(1) 社員の議決権に関して，当該法人の目的に照らし，不当に差別的な取扱いをしないものであること。

(2) 社員の議決権に関して，社員が当該法人に対して提供した金銭その他の財産の価額に応じて異なる取扱いを行わないものであること。

公益社団法人では一般社団法人とは異なり，社員の資格の得喪等に差をつけることはできず，さらに理事会の設置が強制されており，ガバナンスの強化が図られている。

しかし，例えば職業的専門家を構成員とする社団法人において，その専門性の維持，向上を目的としている場合は，例外的に社員資格を一定の有資格者に限定したり（医師会における医師など），理事会の承認等の一定の手続的な要件を付したりすることは不当な条件には該当しないとされている。

15 他の団体の意思決定に関与することができる財産

（認定法5条十五号）

他の団体の意思決定に関与することができる株式その他の内閣府令で定める財産を保有していないものであること。ただし，当該財産の保有によって他の団体の事業活動を実質的に支配するおそれがない場合として政令で定める場合は，この限りでない。

公益法人が株式等の保有を通じて営利法人の事業を支配し，実態として営利法人と同様の活動を行うことは，本来は一定の要件の下でしかできないはずの収益事業等が無制限に拡大し，公益目的事業比率による規制を無意味なものにする可能性がある。

このため，株式会社などの収益事業を行う団体の意思決定に関与する財産の保有は原則として禁止されている。

ここで「当該財産の保有によって他の団体の事業活動を実質的に支配するおそれがない場合として政令で定める場合」とは株主総会などにおける議決権の過半数を有していない場合をいう（認定法施行令7条）。つまり保有する株式等の議決権割合が50％未満であれば，特に問題はない。

なお，株式等の議決権の過半数を保有している場合には，例えば無議決権株式にするか，議決権を含めて受託者に信託することにより本基準を満たすことが可能であるとされている。

16 不可欠特定財産

(認定法５条十六号)

公益目的事業を行うために不可欠な特定の財産があるときは，その旨並びにその維持及び処分の制限について，必要な事項を定款で定めているものであること。

不可欠特定財産とは例えば美術館における美術品のように法人の目的，事業と密接不可分な関係にある資産である。

一般的な公益法人ではこれに該当するものはないのが普通であるが，仮にあった場合には基本財産として表示し，財産目録において基本財産かつ不可欠特定財産である旨を明らかにして表示することになる。なお，不可欠特定資産は認定法施行規則22条３項における１号財産に含まれる。

不可欠特定資産の処分が可能かどうかについて，よく質問を受けるが，定款の定めにより理事会と評議員会の特別決議により処分可能となっている場合には，その手続を遵守すれば特に問題はない。

17 公益目的取得財産の贈与・帰属先
(認定法5条十七号)

法律の定める公益認定の取り消しの処分を受けた場合又は合併により法人が消滅する場合（その権利義務を承継する法人が公益法人であるときを除く。）において，公益目的取得財産残額（第三十条第二項に規定する公益目的取得財産残額をいう。）があるときは，これに相当する額の財産を当該公益認定の取消しの日又は当該合併の日から一箇月以内に類似の事業を目的とする他の公益法人若しくは次に掲げる法人又は国若しくは地方公共団体に贈与する旨を定款で定めているものであること。

イ　学校法人
ロ　社会福祉法人
ハ　更生保護法人
ニ　独立行政法人
ホ　国立大学法人又大学共同利用機関法人
ヘ　地方独立行政法人
ト　その他これらに準ずるものとして政令で定める法人

なお，この定款の定めは贈与先を認定法5条17号に掲げるものとしておき，特に具体的な贈与先を記載する必要はないため，具体的な贈与先まで記載している例は稀である。

ここで公益目的取得財産残額とは，公益法人が公益認定を取り消された場合に，他の公益法人等に贈与しなければならない財産額であり（認定法30条2項），公益法人の定期提出書類別表Hにおいて毎事業年度ごとに計算，表示されている（認定法施行規則48条）。

この規定の存在が，公益認定を受ける最大のリスクといえよう。

ただし，公益認定の要件に抵触したとしても，すぐに公益認定の取消しとなるわけではなく，指導，勧告等の手続きを経てもなお問題が解決されない場合に限定されており，むやみに公益認定が取り消されているわけではないため，特に恐れる必要はない。

なお，公益目的取得財産残額の計算式は，以下の①から②と③を控除した額である（認定法 30 条 2 項)。

① その公益法人が取得したすべての公益目的事業財産（公益事業を行うために不可欠な特定の財産として必要な事項を定款で定めたもののうち，公益認定を受ける日前に取得した者を除く）

② その公益法人が公益認定を受けた日以後に公益目的事業を行うために費消し，又は譲渡した公益目的事業財産

③ 公益目的事業財産以外の財産であってその公益法人が公益認定を受けた日以後に公益目的事業を行うために費消し又は譲渡したもの，及び同日以後に公益目的事業の実施に伴い負担した公租公課の支払その他内閣府令で定めるものの額の合計額

18 残余財産の贈与・帰属先

（認定法５条十八号）

清算をする場合において残余財産を類似の事業を目的とする他の公益法人若しくは 17 のイからトまでに掲げる法人又は国若しくは地方公共団体に帰属させる旨を定款で定めているものであること。

公益法人が清算する場合も 17 の公益認定の取消し時と同様に，他の公益法人等に残余財産を贈与する旨を定款に定めておく必要がある。

これに関しては，以前から同様の定款規定を置いていた例が多いため，特に問題は生じていない。

定期提出書類について

Chapter 2

公益法人の定期提出書類としては，以下のものが求められている。

Section 1 事業計画書等の定期提出書類（事業年度開始の日の前日まで）

提出すべき事業計画等は以下の文書である。

・提出書（かがみ文書）
・事業計画書
・収支予算書
・資金調達及び設備投資の見込みを記載した書類
・理事会等の承認を受けたことを証する書類（議事録）

このうち資金調達及び設備投資の見込みを記載した書類は，収支予算書が損益計算書（正味財産増減計算書）の予算書となり，投資活動と財務活動の予算が含まれなくなったことに伴い，その代わりとして新たに必要となったものである。

1 提出書（かがみ文書）

Ⅱ-2　提出書（かがみ文書）

ⓐ　提出日
和暦で提出年月日（行政庁へ送信する日）を記載してください。 ※日付については日付入力を［クリック］していただき，カレンダーから該当日を選択してください。

ⓑ　提出先行政庁

提出先の行政庁名(注)を記載してください。

(注) 移行認定又は公益認定を受けた行政庁（その後変更認定を受けている場合には，その行政庁）を記載してください。

例）行政庁が内閣府の場合は「内閣総理大臣○○□□」，都道府県の場合は「○○都道府県知事□□△△」と記載してください。

法人コード	
法人名	

ⓐ　　　年　　月　　日

ⓑ　　　　　　　　殿

法人の名称
ⓒ 代表者の氏名　　　　　　　印

事業計画書等に係る提出書

下記に掲げる事業計画書等について、公益社団法人及び公益財団法人の認定等に関する法律第 22 条第 1 項の規定により、提出します。

記

1　事業計画書

2　収支予算書

3　資金調達及び設備投資の見込みを記載した書類

4　１から３までに掲げる書類について理事会（社員総会又は評議員会の承認を受けた場合にあっては、当該社員総会又は評議員会）の承認を受けたことを証する書類

担当者	
氏名	
電話番号	
電子ﾒｰﾙｱﾄﾞﾚｽ	

ⓒ　提出法人
法人の現在の名称，代表者の氏名(注)を記載してください。なお，電子申請の場合には，法人の代表者印の押印は不要です。 （注）代表者の氏名が外国語表記である場合には，外国語の発音をカタカナに当てはめて，記載してください。

提出書類のうち，収支予算書については，損益計算ベースかつ事業別に区分された収支予算書数値が記載されている必要があります。
前年度における事業報告で発生した剰余金の解消計画立案のための検討スケジュールを具体的に示した場合，機関決定された剰余金の解消計画（様式自由）を提出してください（FAQ 問Ⅴ-2-⑥参照）。

2　資金調達及び設備投資の見込みを記載した書類

なお，Ⅱ－3 資金調達及び設備投資の見込みについては，収支予算書が損益ベースになったことにより，資金ベースの収支予算書にあった「投資活動」と「財務活動」の予算がなくなったことから，その代わりとして表形式で予定額を明らかにするため作成されるものである。

これらはすべて毎事業年度開始前の作成が求められているものである。

Ⅱ-3　資金調達及び設備投資の見込みについて

この様式は，法人において主たる事務所及び従たる事務所に備え置き，閲覧の請求に応じる必要があります（認定法 §21 ⅠⅣ参照）。また，提出を受けた行政庁においても，閲覧，謄写の請求に応じることとなります（認定法 §22 Ⅱ）。

ⓐ　設備投資の見込みについて

財産の価額，法人の総資産に占める割合，財産の保有目的等を考慮の上，法人において「重要な設備投資」であると判断するものについて，その内容等を記載してください。

事業年度	自		年		月		日	法人コード	
	至		年		月		日	法人名	

資金調達及び設備投資の見込みについて

（1）資金調達の見込みについて

当期中における借入れの予定の有無を記載し、借入れ予定がある場合は、その借入先等を記載してください。

借入れの予定	□	あり	□	なし

事業番号	借入先	金額	使途

ⓐ（2）設備投資の見込みについて

当期中における重要な設備投資（除却又は売却を含む。）の予定の有無を記載し、設備投資の予定がある場合には、その内容等を記載してください。

設備投資の予定	□	あり	□	なし

事業番号	設備投資の内容	支出又は収入の予定額	資金調達方法又は取得資金の使途
			ⓑ

ⓑ　資金調達方法又は取得資金の使途

資産取得資金の取崩しによって設備投資を行う場合は，「○○資金の取崩し」のように記載してください。

（出典：内閣府「定期提出書類の手引き」公益法人編）

Section 2

事業報告等の定期提出書類（事業年度終了後３か月以内）

・提出書（かがみ文書）
・別紙１　組織運営及び事業活動の状況の概要及びこれらに関する数値のうち重要なものを記載した書類について
・別紙２　法人の基本情報及び組織について
・別紙３　法人の事業について
・別紙４　法人の財務に関する公益認定の基準に係る書類について
・別紙５　その他の添付書類
・参考資料

1　提出書（かがみ文書）

Ⅲ-2　提出書（かがみ文書）

ⓐ　提出日
和暦で提出年月日（行政庁へ送信する日）を記載してください。 ※日付については［日付入力］をクリックしていただき，カレンダーから該当日を選択してください。

ⓑ　提出先行政庁
提出先の行政庁名(注)を記載してください。 （注）移行認定又は公益認定を受けた行政庁（その後変更認定を受けている場合には，その行政庁）を記載してください。

例）行政庁が内閣府の場合は「内閣総理大臣○○□□」，都道府県の場合は「○○都道府県知事□□△△」と記載してください。

ⓐ　　年　　月　　日

ⓑ　　　　　殿

法人の名称
ⓒ代表者の氏名　　　　　　　印

事業報告等に係る提出書

下記に掲げる財産目録等について、公益社団法人及び公益財団法人の認定等に関する法律第２２条第１項の規定により、提出します。

記

１　財産目録

２　役員等名簿

３　理事、監事及び評議員に対する報酬等の支給の基準を記載した書類

４　社員名簿

５　一般社団法人及び一般財団法人に関する法律第１２９条第１項（同法第１９９条において準用する場合を含む。）に規定する計算書類等

６　キャッシュ・フロー計算書

７　公益社団法人及び公益財団法人の認定等に関する法律施行規則第２８条第１項第２号に掲げる書類（別紙１）

８　公益社団法人及び公益財団法人の認定等に関する法律施行規則第３８条第１項第２号及び第３号に掲げる書類（別紙２、別紙３及び別紙４）

９　滞納処分に係る国税及び地方税の納税証明書

ⓒ　提出法人

法人の現在の名称，代表者の氏名（注）を記載してください。なお，電子申請の場合には，法人の代表者印の押印は不要です。

（注）代表者の氏名が外国語表記である場合には，外国語の発音をカタカナに当てはめて，記載してください。

提出書類のうち，計算書類等については，法人法等に定められた法人の意思決定を経たものを提出してください。その他の提出書類についても，少なくとも理事会の決議を経た上で，行政庁へ提出してください。

2　別紙 1

Ⅲ-3　別紙 1：運営組織及び事業活動の状況の概要及びこれらに関する数値のうちの重要なものを記載した書類について

この様式は，法人において主たる事務所及び従たる事務所に備え置き，閲覧の請求に応じる必要があります（認定法 §21 Ⅱ Ⅳ，1 頁参照）。また，提出を受けた行政庁においても，閲覧，謄写の請求に応じることとなります（認定法 §22 Ⅱ）。

ⓐ　法人の目的

定款における目的を簡潔に記載してください。

ⓑ　主たる事務所の所在場所

登記済みの主たる事務所の所在場所を登記のとおり記載してください。

【別紙１：公益社団法人及び公益財団法人の認定等に関する法律施行規則第２８条第１項第２号に掲げる書類】

事業年度	自		年		月		日	法人コード	
	至		年		月		日	法人名	

運営組織及び事業活動の状況の概要等について

1．法人の基本情報について

法人の名称		
設立登記日（注）		
法人の目的	ⓐ	
主たる事務所の所在場所	ⓑ	
社員の資格の得喪の条件（公益社団法人のみ）	ⓒ	
社員の数（公益社団法人のみ）		人

注　旧民法に基づき設立された法人にあっては、新制度への移行登記をした日付になります。

2．事業活動等について

ⓓ（１）収支相償

収益事業等から生じた利益の繰入割合	５０％ □　５０％超 □	
第２段階の合計	収入の額	費用の額
	円	円
収入＞費用の場合の対応		

ⓔ（２）公益目的事業比率

公益目的事業比率（①欄の額÷①欄～③欄の合計額）		％
①　公益実施費用額		円
②　収益等実施費用額		円
③　管理運営費用額		円

ⓕ（３）寄附を受けた財産の額

寄附を受けた財産の額		円	うち個人から		円
			うち法人から		円

ⓖ（４）金融資産の運用収入の額

金融資産の運用収入の額		円

ⓗ（５）資産、負債及び正味財産の額

資産額		円	負債額		円
			正味財産額		円

ⓘ（６）遊休財産額

遊休財産額の保有上限額		円
遊休財産額		円

ⓙ（７）当事業年度の末日における公益目的取得財産残額

公益目的取得財産残額（①欄＋②欄の合計額）		円
①　公益目的増減差額		円
②　公益目的保有財産の帳簿価額の合計額		円

ⓚ（８）理事、監事及び評議員の報酬等の額

理事等の報酬等の総額		円
（うち、退職手当の額）		円

ⓛ（９）公益法人認定法に基づく行政庁からの勧告又は命令の有無

当事業年度の勧告又は命令の有無（注）	無□　有□

注　当事業年度以前に受けた勧告又は命令でまだ改善がなされていないものを含みます。

ⓒ　社員の資格の得喪の条件
定款における内容を要約して記載してください。

ⓓ　収支相償
「収入の額」，「費用の額」欄は，別表 A（1）13 欄又は別表 A（2）16 欄から転記してください。 「収入＞費用の場合の対応」欄は，別表 A（1）の「収支相償の額（収入－費用欄）がプラスとなる場合の今後の剰余金の扱い等」の欄（以下「剰余金の扱い欄」という。）で記載した内容を記載してください。この場合，剰余金の扱い欄において，事業名を「公 1」と記載している場合であっても，この様式においては，「○○事業」のように，事業の内容が分かる記載としてください。 ※収益事業等を営んでいない場合は 50 %に☑（チェック）してください。

ⓔ　公益目的事業比率
別表 B（1）3 欄，13 欄，23 欄，33 欄より転記してください。

ⓕ　寄附を受けた財産の額
寄附を受けた財産がある場合は，損益計算書等より記載してください。 指定正味財産増減の部に計上したものも含め，法人全体の金額を記載してください（指定正味財産より一般正味財産に振替えた金額は除いてください。）。

ⓖ　金融資産の運用収入の額
金融資産の運用収入がある場合は，損益計算書より転記してください。法人全体の金額を記載してください。

ⓗ　資産，負債及び正味財産の額
貸借対照表より転記してください。

ⓘ 遊休財産額

別表C（1）40欄，41欄より転記してください。

ⓙ 公益目的取得財産残額

別表H（1）1欄，21欄，24欄より転記してください。

ⓚ 理事，監事及び評議員の報酬等の額

理事，監事及び評議員に対して支給された報酬等の額を記載してください。

ⓛ 勧告又は命令の有無

当該事業年度において，認定法§28の規定により行政庁から受けた勧告又は命令の有無をチェックしてください。
また，当該事業年度以前に受けた勧告又は命令でまだ改善がなされていないものがあれば，「有」にチェックしてください。

3 別紙2

Ⅲ-4 別紙2：法人の基本情報及び組織について

ⓐ 電子メールアドレス

電子メールアドレスがない場合は，記載不要です。

ⓑ FAX番号

FAXがない場合は，記載不要です。

ⓒ ホームページアドレス

ホームページがない場合は，記載は不要です。

ⓓ　事業の概要

法人全体の事業の概要を 100 文字以内で記載してください。
なお，ここで記載された内容がポータルサイト「公益法人インフォメーション」の法人検索画面において，法人名，住所などと共に法人の事業概要として表示されます。

別紙２については，当該事業年度末日の状況を記載してください。

【別紙２：法人の基本情報及び組織について】

事業年度									
	自		年		月		日	法人コード	
	至		年		月		日	法人名	

１．基本情報

フリガナ						
法人の名称						
主たる事務所の住所及び連絡先						
	住所	〒	都道府県		市区町村	
		番地等	（建物名又は部屋番号がある場合は、記載してください。）			
	代表電話番号		ＦＡＸ番号	ⓑ		
	代表電子メールアドレス	ⓐ	@			
	ホームページアドレス	ⓒ				
代表理事の氏名						
事業年度		月	日　～	月	日	
担当者（注）						
	氏名（又は名称）		役職（又は担当者名）			
	電話番号		ＦＡＸ番号	ⓑ		
	電子メールアドレス	ⓐ	@			
事業の概要		ⓓ				

注　代理人による提出の場合は委任状を添付し、代理人が法人の場合は「氏名」の欄に名称を、「役職」欄に担当者名を記載してください。

2．組織

(1) 社員について（公益社団法人の場合のみ）

社員の数	ⓐ	人
（代議員制を採用している場合） 社員（代議員）を選出する会員の数（注１）		人

社員の資格の得喪に関する定款の条項（注２）	
法人の目的、事業内容に照らして当該条項が合理的な関連性及び必要性があることについて	
社員の議決権に関する定款の条項	
社員の議決権に関して当該条項により社員ごとに異なる取扱いをしている場合、法人の目的に照らして不当に差別的な取扱いをしないものであることについて	
ⓑ	

注１　定款において、資格を有する者（会員）の中から社員（代議員）を選出する規定を設けている法人については、当該会員の数を記載してください。

注２　定款のほかに、社員の資格の得喪に関する細則を定めている場合には、添付してください。

ⓒ

(2) 評議員について（公益財団法人の場合のみ）

	常勤	非常勤	計
評議員の数	人	人	人

評議員に対する報酬等の支給の額を定める定款の条項を記載してください。

定款の条項	

(3) 理事及び監事について

	常勤	非常勤	計
理事の数	人	人	人
監事の数	人	人	人

(4) 会計監査人について

会計監査人設置の有無	会計監査人の氏名又は名称
□ 設置　□ 不設置	

ⓓ

(5) 会員等について（注３）

会員等区分の名称	会員の数	会員等区分の名称	会員の数
	人		人
	人		人
	人		人

注３　定款において会員等を置く旨が定められている場合、定款のほかに会員等の位置づけ及び会費に関する細則を定めているときは、これらの細則を添付するとともに、本欄に会員等の区分ごとの数を記載してください。

(6) 職員について

職員の数	人	うち常勤	ⓔ	人

ⓕ

(7) 社員総会等の開催状況について

	開催年月日	主な決議事項等
社員総会		
評議員会		
理事会		

ⓐ　社員の数

当該事業年度の末日時点の数を記載してください。
なお，会員等一定の資格を有する者の中から一般社団法人の社員を定める，いわゆる「代議員制」を採用し，その旨を定款に規定している法人においては，社員の数に加え，社員（代議員）を選出する会員の数を記載してください。

ⓑ　社員の議決権

社員総会において行使できる議決権について，社員間で異なる取扱いをする定款の定めがある場合にのみ記載してください。
議決権は原則として１社員１議決権となりますが，定款に別段の定めを置くこともできます。ただし，その場合は，この欄に，その定めが社員の議決権に関して，当該法人の目的に照らし，不当に差別的な取扱いをしないものであること，また社員が提供した金銭その他の財産の価額に応じて異なる取扱いを行わないものであることを説明してください。
公益認定を受けた際の記載と変わりなければ，これと同様の内容を記載することも可能です。

ⓒ　役員の「常勤」「非常勤」の欄

当該事業年度の末日時点の数を記載してください。
最低でも週３日以上出勤する者は「常勤」，それ未満の者は「非常勤」として記載してください。

ⓓ　「会員等について」の欄

名称を問わず，定款において法人の関係者として，継続的に一定の会費等を支払う者（会員等）について，当該事業年度の末日時点の数を記載してください。
なお，代議員制を採用している法人については，(1)の「社員（代議員）を選出する会員の数」の欄に併せて記載した会員等の数についても，この欄に記載してください。

ⓔ　職員の「常勤」の欄

当該事業年度の末日時点の数を記載してください。

最低でも週３日以上出勤する者は「常勤」として，この欄に記載してください。なお，常勤職員には，パート，アルバイトや派遣の形態であっても，長期的（1 年以上）勤務を行う（予定も含む。）者を含みます。

なお，理事が職員を兼務している場合は理事として取り扱い，職員には含めません。

ⓕ　社員総会等の開催状況の欄

当該事業年度中に実施した，社員総会，評議員会，理事会の開催日と主な決議事項等を記載してください（決議の省略によるものを含みます。）。

定時社員総会（定時評議員会）の決算承認については，理事会開催後，原則として，中２週間の間隔を空けないと法人法 §129 Ⅰの要件を満たさないことになりますので御注意ください。

なお，Ⅲ−5 別紙３：法人の事業については 23 頁をご参照頂きたい。

4　別紙 4

これらはすべて毎事業年度終了後に作成が求められているものである。

このうち別紙４「法人の財務に関する公益認定の基準に係る書類について」のなかで，財務三基準については，別表 A, 別表 B 及び別表 C においてそれぞれの要件を満たしていることを明らかにすることになっている。

これについて「定期提出書類の手引き（公益法人編）」（以下「手引き」と

いう）では，Ⅲ-6 別紙４において以下のように整理している。

これらの**提出書類で最も重要な点は，書類全体の整合性**である。

つまり，ある別表の記載内容と他の別表の記載内容が相互に矛盾していないことが重要になるため，**全体で１つの提出書類であるという認識が必要**になる。

この中でも例えば，別表Ｆ（共通費用の配賦表）の記載内容と，別表Ｃ(2) 控除対象財産の共用割合の内容に相互の矛盾がないかどうかについても気を付けなければならない。

この作成作業はある程度は行ったり来たりすることは避けられないので，慣れるまでは時間がかかるが，相互に関連している項目についてはそれらの整合性に注意してほしい。

Ⅲ-6　別紙４　法人の財務に関する公益認定の基準に係る書類について

公益財務計算の流れ

公益財務計算には大別すると次の３種類があり，それぞれ個票を作成していただきます。

- 1）収支相償の計算 ──→ 別表Ａ
- 2）公益目的事業比率の算定 ──→ 別表Ｂ
- 3）遊休財産額保有制限の判定 ──→ 別表Ｃ

全体の構成と計算の流れは，下図のとおりです。

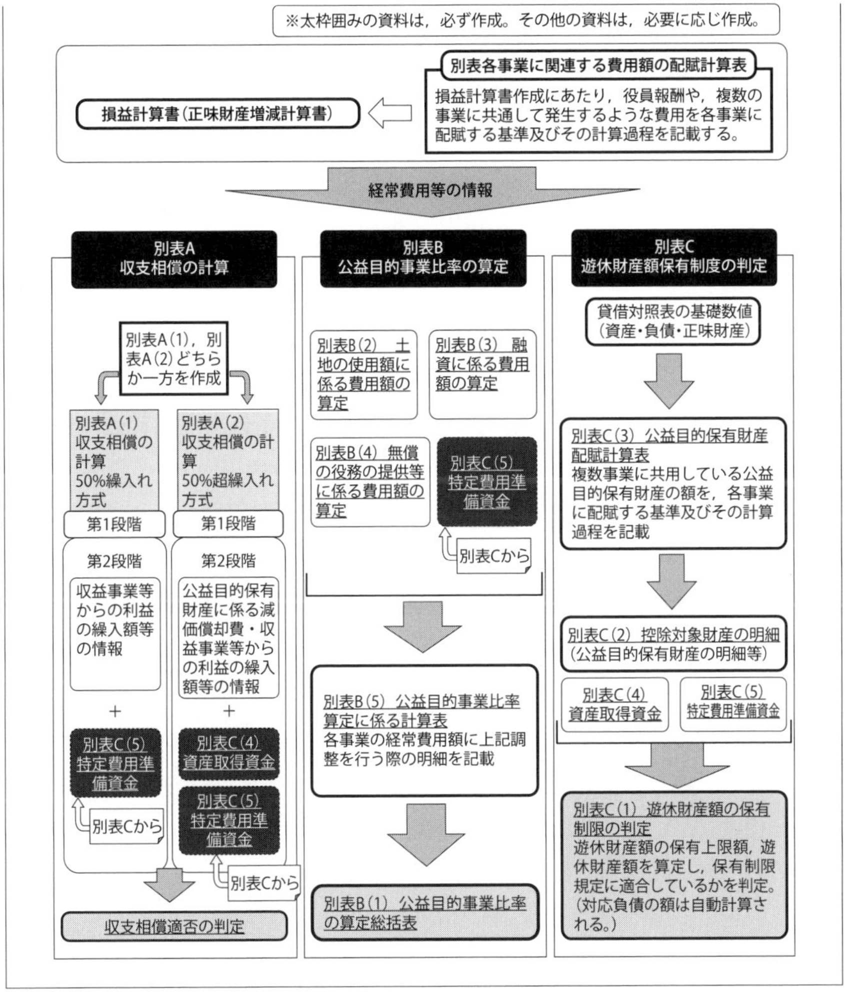

（出典：内閣府「定期提出書類の手引き　公益法人編」）

Section 3 別紙４「法人の財務に関する公益認定の基準に係る書類について」の作成

部門別・損益ベースの正味財産増減計算書の金額がわからないと，別表A～Cは作成できないので，順序としては，以下の順になる。

→共通費用の配賦を行う別表Ｆから始まり，
→別表Ｇ（公益認定後は部門別・損益ベースの正味財産増減計算書）
→別表ＡとＣ（別表Ｃの中で資産取得資金，特定費用準備資金の積立てを行うため，この２つの作成は同時並行になる）
→別表Ｂ（公益目的事業比率が低い場合には特定費用準備資金に関して別表Ｃをさらに修正）
→別表Ｃ（残りの部分）
→別表Ｈその他

それでは別表ＡからＨまでのポイントを順番に見ていくことにしよう。書類の作成の順序としては，法人税の納税申告書と同様にそれぞれの後ろから前へと作成していき，それぞれの１枚目が結論になる。

1　定期提出書類別表 A の注意点

それでは，経理担当者からの質問の多い，別表 A の記載上の留意点を見ておこう。

別表 A は 2 種類あり，別表 A（1）は公益目的事業会計に収益事業等会計からの利益の 50 ％を繰り入れる場合及び収益事業等を営んでいない場合に使用し，別表 A（2）は 50 ％超を繰り入れる場合に使用する。

（1）別表 A（1）

まず別表 A（1）は以下のとおりである。

ここでは以下の（手引きの 29 頁左下）の「※第二段階における剰余金の扱いについて」が特に重要である。一律に剰余金の存在を否定しているわけではなく，剰余金の解消予定を書くことを容認しており，合理的な解消手段を記載することが求められている。

別表 A（1）　収支相償の計算（収益事業等の利益額の 50 ％を繰り入れる場合）

ⓘ

○別表 A（2）（収益事業等の利益額を 50 ％を超えて繰り入れる場合）を作成する場合は，作成不要です。

○一つの公益目的事業のみを実施している場合（法人が行う公益目的事業が「公 1」のみの場合）には第二段階のみ記載してください。

【別紙４　法人の財務に関する公益認定の基準に係る書類について】

記載要領 ： 下表の水色欄（▒部分）を記載してください。

事業年度	自	年	月	日	法人コード	
	至	年	月	日	法人名	

【別表A(1) 収支相償の計算(収益事業等の利益額の50%を繰入れる場合)】

（公益法人認定法第5条第6号に定められた収支相償について審査します。）

※法人の行う事業が一つしかない場合には、第一段階を省略し、第二段階のみ記載してください。

1．第一段階（公益目的事業の収支相償）

法人が行う事業について、その経常収益、経常費用を比較します。

事業番号	経常収益計 前年度に6欄がプラスの事業がある場合には当該剰余金の額を加算してください。	経常費用計	その事業に係る特定費用準備資金の当期取崩額	その事業に係る特定費用準備資金の当期積立額	第一段階の判定 （2欄－3欄＋4欄－5欄）
1	2	3	4	5	6
	円	円	円	円	円
ⓐ	円	ⓑ 円	円	ⓒ 円	ⓓ 円
	円	円	円	円	円
	円	円	円	円	円
	円	円	円	円	

第二段階7欄へ

プラスの事業がある場合、発生理由とこれを解消するための計画等を記入してください。

理由：
計画：

2．第二段階（公益目的事業会計全体の収支相償判定）

法人の公益目的事業会計全体に係る収入と費用等を比較します。

			収入	費用	収入－費用
第一段階の経常収益計と経常費用計（2欄・3欄）		7	円	ⓔ 円	
特定の事業と関連付けられない公益目的事業に係るその他の経常収益、経常費用		8	円	ⓕ 円	
7欄と8欄の合計（公益目的事業会計の経常収益計、経常費用計の額と一致しているか確認してください。）		9	円	円	
公益目的事業に係る特定費用準備資金に関する調整(別表C(5)より) （当期の取崩額を「収入」欄に、積立額を「費用」欄に記載してください。）		10	円	ⓖ 円	
収益事業等から生じた利益の繰入額	収益事業から生じた利益の繰入額	11	ⓗ 円		
	その他事業（相互扶助等事業）から生じた利益の繰入額	12	円		
合計（9欄～12欄）		13	円	円	ⓘ 円

※第二段階における剰余金の扱い

剰余が生じる場合（収入－費用欄の数値がプラスの場合）は、その剰余相当額を公益目的保有財産に係る資産取得、改良に充てるための資金に繰り入れたり、公益目的保有財産の取得に充てたりするか、翌年度の事業拡大を行うことにより同額程度の損失となるようにしなければなりません。収入－費用欄の数値がプラスの場合、法人における剰余金の扱いの計画等を記載してください。

収支相償の額（収入－費用欄）がプラスとなる場合の今後の剰余金の扱い等

〔第一段階〕

ⓐ　事業番号

別紙３の１.の「事業の一覧」に記載した「事業番号」を記載してください。

ⓑ　経常収益計，経常費用計

損益計算書（公益目的事業会計）の各事業に関連付けられている経常収益，経常費用（管理費は含まれません。）を記載します。

また，損益計算書内訳表で法人会計区分を設けない場合には，それぞれの経常収益計から管理費相当額を差引いた金額を記載します。また，この場合においても，経常費用計に管理費は含まれません。

なお，前年度の事業報告で６欄がプラスの事業がある場合は，その剰余金の額を当該事業の経常収益計欄（２欄）に加算してください。

ⓒ　その事業に係る特定費用準備資金の当期取崩額，積立額

当該事業に係る別表Ｃ（5）特定費用準備資金の当年度における取崩額及び積立額を記載しますが，当該事業の中で複数の特定費用準備資金を設定する場合にはこれらを合算した金額を記載します。

ⓓ　第一段階の判定

６欄が０円以下にならない事業は，６欄下の「理由」欄に発生理由，「計画」欄に当該事業に関する翌年度の事業拡大の計画等を記載してください。

６欄が０円以下にならない事業が複数ある場合は，区分して記載してください。

○前年度の事業報告で６欄にプラスの事業がある場合は，前年度の事業報告で上記ⓓ欄に記載した剰余金を解消するための計画について，その実績と具体的な資金使途を説明した書類（様式自由）を添付してください。

○公益目的事業のみを実施する法人については，損益計算書内訳表で法人会計区分を設けないことができます（FAQ 問Ⅵ-2-⑦参照）。
○経常収益計又は経常費用計に，会計区分間において生じる内部取引高が含まれる場合には，これを控除した金額を記載してください（ⓑ２欄，ⓕ８欄が該当）。

〔第二段階〕

ⓔ　第一段階の経常収益計と経常費用計

第一段階の経常収益計（２欄）の合計額と経常費用計（３欄）の合計額を記載します。
損益計算書内訳表で法人会計区分を設けない場合には，経常収益計から管理費相当額を差引いた金額を記載します。また，この場合に，経常費用計に管理費は含まれません。
※①前年度以前の剰余金相当額を公益目的保有財産に係る資産取得，改良に充てるための資金に繰入れた場合で当該資金を目的外に取り崩した場合の取り崩し額，②前年度の剰余金のうち，事業拡大等により解消するとした場合の剰余金相当額（２欄で加算されている額を控除した額）は，収入（７欄）に加算します。

ⓕ　特定の事業と関連付けられない公益目的事業に係るその他の経常収益，経常費用

損益計算書内訳表の公益目的事業会計の共通欄の経常収益，経常費用を記載します。例えば，具体的事業名を指定せず，「公益目的に使用してほしい」というような寄附金が該当します。

ⓖ　公益目的事業に係る特定費用準備資金に関する調整

第一段階の４欄，５欄で記載した個々の事業に係る特定費用準備資金と，これら以外に第二段階で設定した特定費用準備資金について，各資金の別表Ｃ（5）2. 当年度収支相償上の積立額及び取崩額をそれぞれ合算して記載します。

ⓗ　11 欄，12 欄
この欄は，別表 A（3）の「(1) 収益事業等の利益額の 50 %を公益目的事業財産へ繰り入れる場合」の 10 欄から転記してください。

ⓘ　収入－費用
この欄が黒字の場合，「第二段階における剰余金の扱い」欄に解消計画等を記載してください。

「※第二段階における剰余金の扱い」について

①前年度の事業報告の「第二段階における剰余金の扱い」欄において，剰余金を翌年度以降の活動等に充てる旨記載している場合は，その実績と具体的な資金使途を説明した書類（様式自由）を添付してください。

②第二段階において剰余金が発生した場合においては「第二段階における剰余金の扱い」欄に剰余金の発生理由も記載してください。

③発生した剰余金が翌年度における解消計画で適切に費消できないことについて特別の事情や合理的な理由がある場合，その事情や理由を記載するとともに，剰余金の解消計画立案のための検討スケジュールを具体的に示してください（必要に応じて書類（様式自由）を添付してください。）。

翌年度以降の事業報告等で剰余金の解消計画に従って解消されたか否かの実績と，解消に関して具体的な資金使途について説明した書類（様式自由）を添付してください（FAQ 問Ⅴ-2-⑥参照）。

（出典：内閣府「定期提出書類の手引き　公益法人編」）

(2) 別表 A（2）

次に別表 A（2）は以下のとおりである。

ここで特定費用準備資金の利用の仕方は別表 A（1）と別表 A（2）で同じ

になっているが，資産取得資金については以下のようにその取扱いが異なっている点に留意が必要である。

別表Ａ（1）においては，収支相償規定の第一段階では，資産取得資金積立額は公益目的事業費として擬制することはできないが，第二段階以降では以下のようにして利用できる。すなわち収益事業等の利益の 50 ％を公益目的事業に繰入れる場合や収益事業等を行っていない場合は，資産取得資金積立額を剰余金の解消手段として利用することができる。

なお，ここでの剰余金は収益から費用を差し引いた利益に等しい。

一方，別表Ａ（2）においては，収益事業等の利益の 50 ％超を公益目的事業の繰入れる場合は，資産取得資金積立額は特定費用準備資金積立額と同様に収支相償上の費用とみなすことができる。

資産取得資金も特定費用準備資金と同様の要件が必要となるので（ただし資産取得資金は 10 年以内に使用する要件はない），資産取得資金ごとに規程等の整備を行い，手続きを遵守することが必要になる。

≪参考≫　損益計算書内訳表からの転記の方法（収支相償の計算）

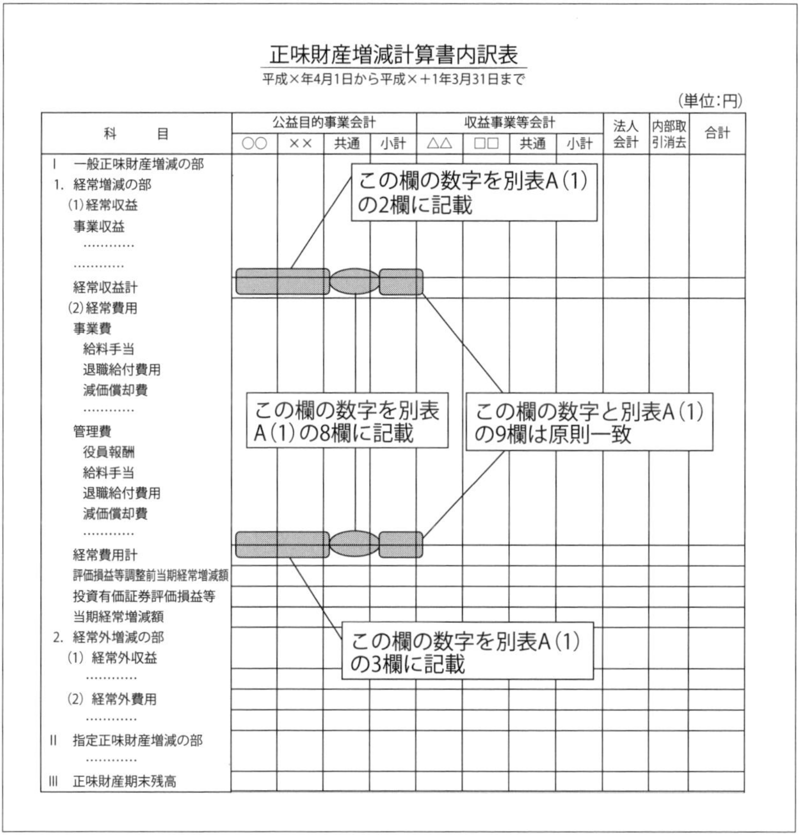

前年度の事業報告で６欄がプラスの事業がある場合は，その剰余金の額を２欄に加算してください。

なお，経常収益計又は経常費用計に，会計区分間において生じる内部取引高が含まれる場合には，これを控除した金額を別表Ａ（1）の２欄又は８欄に記載してください。

次の，別表Ａ（2）についても同様に数値を転記してください。

別表 A（2） 収支相償の計算（収益事業等の利益額を 50 %を超えて繰り入れる場合）

別表 A（1）（収益事業等の利益額の 50 %を繰入れる場合）を作成する場合は，作成不要です。

記載要領 ： 下表の水色欄（部分）を記載してください。

事業年度	自　年　月　日	法人コード	
	至　年　月　日	法人名	

【別表A(2) 収支相償の計算(収益事業等の利益額を50%を超えて繰入れる場合)】

（公益法人認定法第5条第6号に定められた収支相償について審査します。）

※法人の行う事業が一つしかない場合には、第一段階を省略し、第二段階のみ記載してください。

1．第一段階（公益目的事業の収支相償）

法人が行う事業について、その経常収益、経常費用を比較します。

事業番号	経常収益計 前年度に6欄がプラスの事業がある場合には当該剰余金の額を加算してください。	経常費用計	その事業に係る特定費用準備資金の当期取崩額	その事業に係る特定費用準備資金の当期積立額	第一段階の判定 （2欄－3欄＋4欄－5欄）
1	2	3	4	5	6
	円	円	円	円	円
	円	円	円	円	円
	円	円	円	円	円
	円	円	円	円	円
	円	円	円	円	

第二段階7欄へ

プラスの事業がある場合、発生理由とこれを解消するための計画等を記入してください。

理由：
計画：

2．第二段階（公益目的事業会計全体の収支相償判定）

法人の公益目的事業会計全体に係る収入と費用等を比較します。

			収入	費用	収入－費用
第一段階の経常収益計と経常費用計（2欄・3欄）		7	円	円	
特定の事業と関連付けられない公益目的事業に係るその他の経常収益、経常費用		8	円	円	
7欄と8欄の合計（公益目的事業会計の経常収益計、経常費用計の額と一致しているか確認してください。）		9	円	円	
公益目的保有財産に係る減価償却費 （経常費用額の控除対象。「費用」欄に記載してください。）		10		△ ⓐ 円	
公益目的事業に係る特定費用準備資金に関する調整(別表C(5)より) （当期の取崩額を「収入」欄に、積立額を「費用」欄に記載してください。ただし、上限があります。）		11	円	円	
公益資産取得資金に関する調整(別表C(4)より) （当期の取崩額を「収入」欄に、積立額を「費用」欄に記載してください。ただし、上限があります。）		12	ⓑ 円	円	
公益目的保有財産に係る当期収支 （売却に関しては売却収入額を「収入」欄に、取得に関しては支出額を「費用」欄に記載してください。）		13	円	円	
収益事業等から生じた利益の繰入額	収益事業から生じた利益の繰入額	14	ⓒ 円		
	その他事業（相互扶助等事業）から生じた利益の繰入額	15	円		
合計（9欄～15欄の合計）		16	円	円	円

ⓐ　公益目的保有財産に係る減価償却費

公益目的保有財産を保有している場合には，当該財産に係る減価償却費の全額を記載してください。

ⓑ　公益目的保有財産に係る当期収支

損益計算書の対象事業年度中に公益目的保有財産を取得又は売却したものがあれば記載してください。

ⓒ　14 欄，15 欄

収支相償の基準を満たすため，14 欄と 15 欄の合計額は，費用 16 欄から収入の 9 欄～13 欄の計を差し引いた額が限度となります。

この欄は，別表 A（3）の「(2) 収益事業等の利益額の 50 ％を超えて公益目的事業財産へ繰り入れる場合」の 10 欄と一致させてください。

（出典：内閣府「定期提出書類の手引き　公益法人編」）

（3）別表 A（3）

さらに利益の 50 ％繰入れの場合と 50 ％超繰入れの場合の，それぞれの繰入額の計算には以下の別表 A（3）が利用される。

収益事業等の利益の 50 ％を繰入れる場合は別表 A（3）の上半分の（1）を，50 ％超を繰入れる場合は下半分の（2）を利用することになる。

別表 A（3）　収益事業等の利益から公益目的事業財産への繰入額の計算

i

収益事業，その他事業を実施していない場合は，作成不要です。

記載要領 ： 下表の水色欄（■部分）を記載してください。

事業年度	自	年	月	日	法人コード	
	至	年	月	日	法人名	

【別表A(3) 第二段階・収益事業等の利益から公益目的事業財産への繰入額の計算】
（A(1)、A(2)の収支相償第二段階の審査の際に必要な、収益事業等の利益から公益目的事業財産への繰入額の計算に用います。）

収益事業等の利益の50%を公益目的事業へ繰入れる場合は（1）を、50%を超えて繰入れる場合は（2）を記載してください。

（1） 収益事業等の利益額の50%を公益目的事業財産へ繰入れる場合

			収益事業	その他事業（相互扶助等事業）	
正味財産増減計算書	収益事業等の経常収益の総額	1	円	円	
	収益事業等の経常外収益の総額	2	円	円	
	収益事業等の収益総額（1欄+2欄）	3	円	円	
	収益事業等の経常費用の総額	4	円	円	
	収益事業等の経常外費用の総額	5	円	円	
	収益事業等の費用総額（4欄+5欄）	6	円	円	
	収益事業等当期利益額（3欄-6欄）	7	円	円	
管理費のうち収益事業・その他事業に按分される額の控除		8	△ ⓐ 円	△ ⓐ 円	
調整後の収益事業等の当期利益総額（7欄+8欄）		9	円	円	合計
うち、収益事業等の利益から公益目的事業財産への繰入額		10	ⓑ 円	ⓑ 円	円
	うち実物資産を繰入れる額 ※	11	ⓒ 円	ⓒ 円	円

※実物資産を繰入れる場合は、繰入れる資産について次の欄に記載してください。

資産の名称	場所 面積、構造、物量等	事業番号	繰入れ後の資産の使途 （概要、使用面積、使用使途等）	帳簿価格
				円

ⓓ

（2） 収益事業等の利益額の50%を超えて公益目的事業財産へ繰入れる場合

			収益事業	その他事業（相互扶助等事業）	
正味財産増減計算書	収益事業等の経常収益の総額	1	円	円	
	収益事業等の経常外収益の総額	2	円	円	
	収益事業等の収益総額（1欄+2欄）	3	円	円	
	収益事業等の経常費用の総額	4	円	円	
	収益事業等の経常外費用の総額	5	円	円	
	収益事業等の費用総額（4欄+5欄）	6	円	円	
	収益事業等当期利益額（3欄-6欄）	7	円	円	
管理費のうち収益事業・その他事業に按分される額の控除		8	△ ⓐ 円	△ ⓐ 円	
調整後の収益事業等の当期利益総額（7欄+8欄）		9	円	円	合計
うち、収益事業等の利益から公益目的事業財産への繰入額		10	ⓔ 円	ⓔ 円	円
	うち実物資産を繰入れる額 ※	11	ⓒ 円	ⓒ 円	円

※実物資産を繰入れる場合は、繰入れる資産について次の欄に記載してください。

資産の名称	場所 面積、構造、物量等	事業番号	繰入れ後の資産の使途 （概要、使用面積、使用使途等）	帳簿価格
				円

ⓓ

収支相償の計算において，収益事業，その他事業の利益のうち公益目的事業会計へ繰入れる額（公益目的事業財産への繰入額）を計算していただくものです。
別表A（1）を作成する場合は（1）に，別表A（2）を作成する場合は（2）に記載して作成して下さい。

ⓐ　管理費のうち収益事業・その他事業に按分される額の控除

管理費の按分方法は，合理的な基準であればよく，下記の例では会計上の事業費の比率で按分しています。
（計算例）
　収益事業に按分される管理費 20＝管理費 100×収益事業費 200/（公益事業費 700＋収益事業費 200＋共益事業費 100）

	収益事業	その他事業
当期経常増減額	100	△10
按分される管理費	△20	△10
利益額	80	△20

この例で「収益事業から生じた利益の繰入額」には，利益額の 50 ％を繰入れる場合は 40 を記載することとなります。

ⓑ　収益事業等から生じた利益の繰入額

収益事業等の当期利益総額（9 欄）の 50 ％（1 円未満端数切上げ）になります。

ⓒ　実物資産を繰入れる額

収益事業等からの利益を実物資産で繰入れる場合には，繰入れ時の実物資産の帳簿価額に相当する額が繰入額になります。
実物資産を繰入れる額は，利益の繰入額（10 欄）が上限となります。
なお，繰入れた実物資産は，公益目的保有財産となります。

ⓓ　繰入れる実物資産の名称等

繰入れる実物資産の名称，繰入れ後の資産の使途等を記載してください。この欄は，別表 C（2）の「1．公益目的保有財産」の記載欄とほぼ同じですので，記載要領については，別表 C（2）（42 頁）を参照してください。

ⓔ　収益事業等から生じた利益の繰入額

これらの欄は，それぞれ別表 A (2) の 14 欄，15 欄と一致させてください。9 欄に記載した収益事業等の当期利益総額の 100 %の額を上限として，別表 A（2）のⓒで説明している収支相償の基準を満たす範囲内の金額を記載してください。

※収益事業，その他の事業のうち，赤字となった会計区分がある場合は，当該会計区分を除いて「合計」を計算してください。

（出典：内閣府「定期提出書類の手引き　公益法人編」）

（4）収支相償対照表について

なお「手引き」では，別表 A（1）における収支相償対照表を以下のように図解しており，公益目的事業に係る特定費用準備資金積立額を費用に加えるとともに，その取崩額を収入に加えたうえで，収支相償を判断していることがわかる。

◆別表 A　収支相償について

公益目的事業会計に収益事業等からの利益額の 50 %を繰り入れる場合及び収益事業等を営んでいない場合には別表 A（1）を，50 %を超えて繰り入れる場合には別表 A（2）を，使用して計算します。

50 %繰入れと 50 %超繰入れの違いは，次のとおりです。

① 50％繰入れ

第一段階の収支相償を満たした各公益目的事業に直接関連する費用と収益に加え，公益目的事業の会計に属するその他の費用と収益で各事業に直接関連付けられない費用と収益，公益目的事業に係る特定費用準備資金への積立て額と取崩し額，更に収益事業等を行っている法人については，収益事業等から生じた利益の50％を加算して収支を比較します。

収支相償対照表
（収益事業等からの利益の繰入れが50％の場合）

費用	収入
公益目的事業に係る経常費用（減価償却費を除く）	公益目的事業に係る経常収益
公益に係るその他の経常費用	公益に係るその他の経常収益
公益目的事業に係る特定費用準備資金積立て額	公益目的事業に係る特定費用準備資金取崩し金
	収益事業等の利益を公益に繰入れた額（利益の100％を上限）

収入超過の場合には公益目的保有財産の取得支出や公益資産取得資金への繰入れ，翌事業年度の事業拡大等による同額程度の損失をする等解消するための扱いを説明

剰余金が生じる場合には，公益目的事業のための資産の取得や翌年度の事業費に充てるなど，公益のために使用することになります。

（出典：内閣府「定期提出書類の手引き　公益法人編」）

さらに別表Ａ（2）では，「手引き」において，収支相償対照表を以下のように解説しており，別表Ａ（1）と比べて，その構成要素が増えていることがわかる。

ここでの注意点は，別表Ａ（1）のケースとは異なり，費用に計上した公

益目的事業に係る経常費用からは減価償却費が除かれている点である。

これは，公益目的保有財産の取得に係る支出や公益目的の資産取得資金積立額とその機能が重複することによる調整を図っているためである。

② 50％超繰入れ

公益目的事業のために法人において収益事業等の利益額の50％を超えて繰入れの必要があると判断する場合には，公益目的事業に関するすべての資金の出入りとその見通しを足し合わせて収支を比較します。

具体的には，まず，事業費以外の資金需要として資産の取得又は改良（資本的支出）があることから，当期の公益目的保有財産に係る取得支出とその売却収入，及び将来の公益目的保有財産の取得又は改良に充てるための資産取得資金（認定法施行規則§22Ⅲ③）への積立て額と取崩し額を，公益目的事業が属する会計の費用，収益にそれぞれ加えます。その際，公益目的事業費に含まれる公益目的保有財産に係る減価償却費は，財産の取得支出や資産取得資金の積立て額と機能が重複することから，控除します。

次に，特定費用準備資金への積立て額と取崩し額を加えます。ただし，この資産取得資金と特定費用準備資金は将来の事業のための資金ですから，計画性をもって積立てと取崩しを行ってもらうため，収支相償の計算上は，今後積み立てなければならない見込み金額を積み立てる年数で除した額を限度として，積立て額を算入します。

収支相償対照表
（収益事業等からの利益の繰入れが 50 %超の場合）

費用	収入
公益目的事業に係る経常費用 （減価償却費を除く）	公益目的事業に係る経常収益
公益に係るその他の経常費用	公益に係るその他の経常収益
公益目的保有財産の取得支出	公益目的保有財産の売却収入 （簿価＋売却損益）
公益目的事業に係る特定費用 準備資金積立て額 （（所要資金額－前期末資産残高）／積立 期間残存年数　を限度）	公益目的事業に係る特定費用 準備資金取崩し金 （過去に費用として参入した額の合計額）
公益資産取得資金積立て額 （（所要資金額－前期末資産残高）／積立 期間残存年数　を限度）	公益資産取得資金取崩し金 （過去に費用として参入した額の合計額）
	収益事業等の利益を公益に繰入れた額 （利益の 100 %を上限）

- 毎事業年度の事業の実施状況や計画に応じて，50 %，50 %超いずれかを選択可能です。
- ただし，収益事業等の利益の 50 %超を公益目的事業財産に繰り入れた場合には，繰り入れた事業年度末の貸借対照表では，公益目的事業と収益事業等とに区分経理（認定法 §19）を行わなければなりません。一旦 50 %超の繰入れを行った場合には，その後の繰入れが 50 %に留まった時にでも，継続性の観点から区分経理を維持していただくことが適当です。

（出典：内閣府「定期提出書類の手引き　公益法人編」）

収支相償に関連して，正味財産増減計算書内訳表と別表 A（1）との関連を示すと 110～111 頁の図のようになる。ここでは正味財産増減計算書内訳表のどの数値を別表 A（1）に書き写せばよいかを示している。

【正味財産増減内訳書からの転記の方法（公益目的事業比率）】

正味財産増減計算書内訳表

平成X年4月1日から平成X+1年3月31日まで

（単位：円）

科　目	公益目的事業会計				収益事業等会計				法人会計	内部取引消去	合計
	○○	××	共通	小計	△△	□□	共通	小計			
Ⅰ　一般正味財産増減の部											
1. 経常増減の部											
(1)経常収益											
事業収益											
……											
……											
経常収益計											
(2)経常費用											
事業費											
給料手当											
退職給付費用											
減価償却費											
……											
管理費											
役員報酬											
給料手当											
退職給付費用											
減価償却費											
……											
経常費用計											
評価損益等調整前当期経常増減額											
投資有価証券評価損益等											
当期経常増減額											
2. 経常外増減の部											
(1)経常外収益											
……											
(2)経常外費用											
……											
Ⅱ　指定正味財産増減の部											
……											
Ⅲ　正味財産期末残高											

この欄の数字を別表A(1)の2欄に記載

この欄の数字と別表A(1)の9欄は原則一致（※）

この欄の数字を別表A(1)の8欄に記載

この欄の数字を別表A(1)の3欄に記載

この欄の数字と別表A(1)の9欄は原則一致（※）

前年度の事業報告で6欄がプラス(第一段階での剰余金)の事業がある場合は、その剰余金の額を2欄に加算してください。

（※）なお、経常収益計又は経常費用計に、会計区分間において生じる内部取引高が含まれる場合には、これを控除した金額を別表A(1)の2欄又は8欄に記載して下さい。

「定期提出書類の手引き　公益法人編（内閣府／都道府県）30頁を基にして作成

公益財団法人 公益法人協会 研修会テキストより転載

【別紙４　法人の財務に関する公益認定の基準に係る書類について】

【別表A(1)　収支相償の計算(収益事業等の利益額の50%を繰入れる場合)】

（公益法人認定法第5条第6号に定められた収支相償について審査します。）

※法人の行う事業が一つしかない場合には、第一段階を省略し、第二段階のみ記載してください。

1．第一段階（公益目的事業の収支相償）

法人が行う事業について、その経常収益、経常費用を比較します。

①特定費用準備金

事業番号	経常収益計 前年度に6欄がプラスの事業がある場合には当該剰余金の額を加算してください。	経常費用計	その事業に係る特定費用準備資金の当期取崩額	その事業に係る特定費用準備資金の当期積立額	第一段階の判定 （2欄－3欄＋4欄－5欄）
1	2	3	4	5	6
	円	円	円	円	円
	円	円	円	円	円
	円	円	円	円	円
	円	円	円	円	円
	円	円	円	円	

第二段階7欄へ

プラスの事業がある場合、発生理由とこれを解消するための計画等を記入してください。

理由：
計画：

2．第二段階（公益目的事業会計全体の収支相償判定）

法人の公益目的事業会計全体に係る収入と費用等を比較します。

			収入	費用	収入－費用
第一段階の経常収益計と経常費用計（2欄・3欄）		7	円	円	
特定の事業と関連付けられない公益目的事業に係るその他の経常収益、経常費用		8	円	円	
7欄と8欄の合計（公益目的事業会計の経常収益計、経常費用計の額と一致しているか確認してください。）		9	円	円	
公益目的事業に係る特定費用準備資金に関する調整(別表C(5)より) （当期の取崩額を「収入」欄に、積立額を「費用」欄に記載してください。）				円	
収益事業等から生じた利益の繰入額	収益事業から生じた利益の繰入額	11	円		
	その他事業（相互扶助等事業）から生じた利益の繰入額	12	円		
合計（9欄～12欄）		13	円	円	円

②特定費用準備金

③資金取得資金

※第二段階における剰余金の扱い

剰余が生じる場合（収入－費用欄の数値がプラスの場合）は、その剰余相当額を公益目的保有財産に係る資産取得、改良に充てるための資金に繰り入れたり、公益目的保有財産の取得に充てたりするか、翌年度の事業拡大を行うことにより同額程度の損失となるようにしなければなりません。収入－費用欄の数値がプラスの場合、法人における剰余金の扱いの計画等を記載してください。

収支相償の額（収入－費用欄）がプラスとなる場合の今後の剰余金の扱い等

なお，特定費用準備資金積立額について，第一段階での利用は①で，第二段階での利用は②で記載されており，資産取得資金については，剰余金の取扱いの中において③で記載されている。

(5) 収支事業等会計から公益目的事業への利益の繰入れに関する会計処理

最後に収益事業等会計から公益目的事業への利益の繰入れに関する会計処理を見ておこう。

会計間取引において利益を繰り入れるには，「他会計振替額」勘定を用いて正味財産の移動を行う。

利益を繰り入れる収益事業等では「他会計振替額」は費用に，繰り入れられる公益目的事業では「他会計振替額」は収益に計上されることになる。

この「他会計振替額」は事業別正味財産増減計算書の当期一般正味財産増減額の１つ上にて表示する。

収益事業等会計での仕訳は以下となる。

(借) 他会計振替額	×××	(貸) 公益目的事業会計	×××

(注) ここでの (貸) 公益目的事業会計は，公益目的事業会計への債務を表す。

公益目的事業会計での仕訳は以下となる。

(借) 収益事業等会計	×××	(貸) 他会計振替額	×××

(注) ここでの (借) 収益事業等会計は，収益事業等会計への債権を表す。

なお，会計間取引において利益の繰入れが可能か否かは以下の図表をご覧頂きたい。

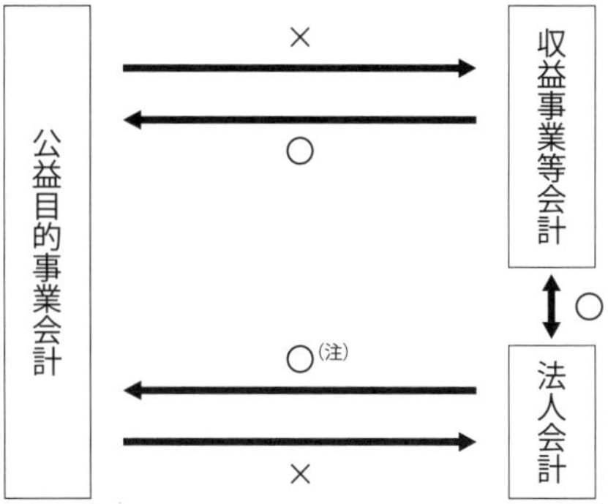

(注) 公益法人認定法施行規則第26条第8号に定められる定款又は社員総会若しくは評議員会において，公益目的事業のために使用し，又は処分する旨を定めた額に相当する財産の移動は可能。

(出典：日本公認会計士協会非営利法人委員会研究資料第4号「貸借対照表内訳表及び正味財産増減計算書内訳表の作成と会計処理について」)

(参考)

他会計振替の考え方，振替額の計算方法，計算事例等については，日本公認会計士協会から公表されている「非営利法人委員会研究資料第4号 貸借対照表内訳表及び正味財産増減計算書内訳表の作成と会計処理について」に記載がある。

2 定期提出書類別表Bの注意点

この表の空欄を埋めていくことにより，公益目的事業比率の計算が完成する（電子申請の場合は自動計算される）。

公益法人の事業活動を行うに当たり，公益目的事業比率が100分の50以上となると見込まれるものであること（**公益目的事業比率50％以上規定**）を満たしているかを確認する表である。

公益目的事業比率を再度確認すると，分子は公益目的事業費であり，分母は事業費と管理費である。

したがって，以下となる。

$$\text{公益目的事業比率}=\frac{\text{公益目的事業費}}{\text{事業費}+\text{管理費}}\times 100\ \%$$

これらの金額は予算では収支予算書（正味財産増減計算書の予算書），決算では損益計算書（正味財産増減計算書）の金額を使用する。

また，**ここでも分子の公益目的事業費に特定費用準備資金の積立額を加えることができる**ため，収支相償規定と同じく法人の意思によりこの比率を調整することが可能である。

ただし，ここでは，資産取得資金を公益目的事業費に加えることはできない。

このように特定費用準備資金の積立額を公益目的事業費に加えてよいだけではなく，「公益認定等ガイドライン」では**公益目的事業費を広く，管理費を狭くとることを許容しており，収支相償規定だけでなく，この公益目的事業比率50％以上の規定でも法人に有利な解釈を認めている。**

なお，別表B（2）から別表B（4）が必要となるのは，調整額を用いる特殊なケースであり，通常のケースでは別表B（1）と別表B（5）の2つが利用されるため，ここではこの2つを見ていくことにする。

(1) 別表B (1)

別表B (1) においては，公益目的事業比率の分子となる「公益実施費用額」と分母となる「公益実施費用額」，「収益等実施費用額」及び「管理運営費用額」をそれぞれまとめている。

調整額を用いる必要がない通常の場合は，別表2 (5) の数値がそれぞれ上記の「公益実施費用額」，「収益等実施費用額」及び「管理運営費用額」になる。

◆別表B　公益目的事業比率について

この表の■欄を埋めていくことにより，公益目的事業比率の計算が完成します。
(電子申請では自動計算されます。)

ⓐ　公益目的事業比率
小数点以下1位未満の端数を四捨五入します。

ⓑ　各費用額の計算
別表B (5) 該当欄より転記します。

調整額がない場合や，既に公益目的事業比率が50％以上となっており，調整額を加算する必要がない場合は，別表B (2)～B (4) は作成不要です。ただし，前事業年度の事業報告において調整額を加算した場合は，正当な理由がない限り，当該調整額の加算を毎事業年度続ける必要があります (認定法施行規則 §16 Ⅱ，§16の2 Ⅱ，§17 Ⅲ)。

記載要領 : 下表の水色欄(※部分)を記載してください。

事業年度	自		年		月	日	法人コード	
	至		年		月	日	法人名	

【別表B(1) 公益目的事業比率の算定総括表】

(公益法人認定法第5条第8号に定められた公益目的事業比率について審査します。)

公益目的事業比率の算定			
公益実施費用額(13欄より)	1		円
公益実施費用額+収益等実施費用額+管理運営費用額(13、23、33欄の合計)	2		円
公益目的事業比率(1欄÷2欄)	3		%

ⓐ

公益実施費用額の計算				
公益目的事業に係る事業費の額(別表B(5)Ⅰ欄より)		4		円
調整額	土地の使用に係る費用額(別表B(5)Ⅱ欄より)	5		円
	融資に係る費用額(別表B(5)Ⅲ欄より)	6		円
	無償の役務の提供等に係る費用額(別表B(5)Ⅳ欄より)	7		円
	特定費用準備資金積立額(別表B(5)Ⅴ欄より)	8		円
	特定費用準備資金取崩額(別表B(5)Ⅵ欄より)	9		円
	引当金の取崩額(別表B(5)Ⅶ欄より)	10		円
	財産の譲渡損等(別表B(5)Ⅷ欄より)	11		円
	調整額計(5欄～11欄の計)	12		円
公益実施費用額(4欄+12欄)		13		円

収益等実施費用額の計算				
収益事業等に係る事業費の額(別表B(5)Ⅰ欄より)		14		円
調整額	土地の使用に係る費用額(別表B(5)Ⅱ欄より)	15		円
	融資に係る費用額(別表B(5)Ⅲ欄より)	16		円
	無償の役務の提供等に係る費用額(別表B(5)Ⅳ欄より)	17		円
	特定費用準備資金積立額(別表B(5)Ⅴ欄より)	18		円
	特定費用準備資金取崩額(別表B(5)Ⅵ欄より)	19		円
	引当金の取崩額(別表B(5)Ⅶ欄より)	20		円
	財産の譲渡損等(別表B(5)Ⅷ欄より)	21		円
	調整額計(15欄～21欄の計)	22		円
収益等実施費用額(14欄+22欄)		23		円

ⓑ

管理運営費用額の計算				
管理費の額(別表B(5)Ⅰ欄より)		24		円
調整額	土地の使用に係る費用額(別表B(5)Ⅱ欄より)	25		円
	融資に係る費用額(別表B(5)Ⅲ欄より)	26		円
	無償の役務の提供等に係る費用額(別表B(5)Ⅳ欄より)	27		円
	特定費用準備資金積立額(別表B(5)Ⅴ欄より)	28		円
	特定費用準備資金取崩額(別表B(5)Ⅵ欄より)	29		円
	引当金の取崩額(別表B(5)Ⅶ欄より)	30		円
	財産の譲渡損等(別表B(5)Ⅷ欄より)	31		円
	調整額計(25欄～31欄の計)	32		円
管理運営費用額(24欄+32欄)		33		円

(2) 別表 B (5)

別表 B (5) は「その 1」と「その 2」に分かれているが，この 2 つは横につながっており 2 つで 1 枚である。

つまり「その 1」の右に「その 2」がつながっている関係にある。

別表 B (5) 公益目的事業比率算定に係る計算表

公益目的事業比率の計算において，各事業別に費用額を配賦した結果を取りまとめる計算をしていただくものです。〔その 1〕に公益実施費用額を，〔その2〕に収益等実施費用額，管理運営費用額及び費用額の配賦基準を記載します。

〔その 1〕

ⓐ Ⅰ 事業実施に係る経常費用の額（事業費の額）

損益計算書の経常費用から転記します（会計区分間において生じる内部取引高が含まれる場合は，これを控除した額）。

ⓑ Ⅱ 土地の使用に係る費用額

所在地（略記可）は別表 B（2）1 欄，費用額は別表 B（2）9 欄より転記します。

ⓒ Ⅲ 融資に係る費用額

貸付の内容（略記可）は別表 B（3）3 欄，費用額は別表 B（3）7 欄より記載します。

記載要領 ： 下表の水色欄（▒部分）を記載してください。

事業年度	自	年	月	日	法人コード	
	至	年	月	日	法人名	

【別表B(5) 公益目的事業比率算定に係る計算表】その1
（公益法人認定法第5条第8号に定められた公益目的事業比率の算定について、各事業ごとに数値をまとめ、別表B(1)に転記するための表です。）

（単位：円）

Ⅰ 事業実施に係る経常費用の額(事業費の額)

ⓐ

別表B(1)(事業比率)4欄へ

	公益実施費用額										
	公1	公2	公3	公4	公5	公6	公7	公8	公9	共通	公益実施費用額計
経常費用額											

Ⅱ 土地の使用に係る費用額（別表B(2)より）

ⓑ

別表B(1)(事業比率)5欄へ

NO.	所在地	公益実施費用額										
		公1	公2	公3	公4	公5	公6	公7	公8	公9	共通	公益実施費用額計
合計												

Ⅲ 融資に係る費用額（別表B(3)より）

ⓒ

別表B(1)(事業比率)6欄へ

NO.	貸付の内容	公益実施費用額										
		公1	公2	公3	公4	公5	公6	公7	公8	公9	共通	公益実施費用額計
合計												

Ⅳ 無償の役務の提供等に係る費用額（別表B(4)より）

ⓓ

ⓗ

別表B(1)(事業比率)7欄へ

NO.	役務提供等の名称	公益実施費用額										
		公1	公2	公3	公4	公5	公6	公7	公8	公9	共通	公益実施費用額計
合計												

ⓔ

Ⅴ 特定費用準備資金当期積立額（別表C(5)より）

別表B(1)(事業比率)8欄へ

NO.	特定費用準備資金の名称	公益実施費用額										
		公1	公2	公3	公4	公5	公6	公7	公8	公9	共通	公益実施費用額計
合計												

Ⅵ 特定費用準備資金当期取崩額（別表C(5)より、マイナス額で記載してください。）

別表B(1)(事業比率)9欄へ

NO.	特定費用準備資金の名称	公益実施費用額										
		公1	公2	公3	公4	公5	公6	公7	公8	公9	共通	公益実施費用額計
合計												

Ⅶ 引当金の取り崩し額（マイナス額で記載してください。）

ⓕ

別表B(1)(事業比率)10欄へ

NO.	引当金の名称	公益実施費用額										
		公1	公2	公3	公4	公5	公6	公7	公8	公9	共通	公益実施費用額計
合計												

Ⅷ 財産の譲渡損等の額（認定規則第15条第1、3、4項の額をマイナス額で、第2項の額をプラス額で記載してください。）

ⓖ

別表B(1)(事業比率)11欄へ

NO.	財産の名称	公益実施費用額										
		公1	公2	公3	公4	公5	公6	公7	公8	公9	共通	公益実施費用額計
合計												

Ⅸ 合計

別表B(1)(事業比率)13欄へ

	公益実施費用額										
	公1	公2	公3	公4	公5	公6	公7	公8	公9	共通	公益実施費用額計
合計											
事業比率											

ⓓ　Ⅳ　無償の役務の提供等に係る費用額

役務提供等の内容（略記可）は別表Ｂ（4）２欄，費用額は別表Ｂ（4）10欄より転記します。

ⓔ　Ⅴ　特定費用準備資金当期積立額・取崩額

別表Ｃ（5）【当年度】積立額，取崩額を各事業区分に応じ転記します（取崩額はマイナスで記載してください。）。

ⓕ　Ⅶ　引当金の取り崩し額

マイナスで記載してください。なお，引当金取崩益が計上されない処理を行った場合には記載不要です。

引当金を経常外増減の部で取り崩した場合もここに記載してください。

ⓖ　Ⅷ　財産の譲渡損等の額

損益計算書の経常費用の額に認定法施行規則§15 Ⅰ，Ⅲ，Ⅳに定める財産の譲渡損，評価損，運用損の額が計上されている場合のみ，マイナスで記載し，費用額から減じます。

また，認定法施行規則§15 Ⅱに規定する財産の原価の額が損益計算書の経常費用の額に計上されていない場合には当該金額をプラスで記載し，費用額に加えます。

ⓗ　Ⅱ～Ⅷ

該当する費用がなければ記載不要です。

〔その2〕

ⓐ　Ⅰ　事業実施に係る経常費用の額（事業費の額）

損益計算書の経常費用から転記します（会計区分間において生じる内部取引高が含まれる場合は，これを控除した額）。

記載要領 ： 下表の水色欄（※部分）を記載してください。

事業年度	自 年 月 日	法人コード	
	至 年 月 日	法人名	

【別表B(5) 公益目的事業比率算定に係る計算表】その2

（公益法人認定法第5条第8号に定められた公益目的事業比率の算定について、各事業ごとに数値をまとめ、別表B(1)に転記するための表です。）

ⓘ （単位：円）

Ⅰ 事業実施に係る経常費用の額(事業費の額)

ⓐ

別表B(1)（事業比率）14欄へ　別表B(1)（事業比率）24欄へ

	収益等実施費用額							管理運営費用額	合計（参考）
	収1	収2	収3	他1	他2	共通	収益等実施費用額計		
経常費用額									

Ⅱ 土地の使用に係る費用額（別表B(2)より）

ⓑ

別表B(1)（事業比率）15欄へ　別表B(1)（事業比率）25欄へ

NO.	所在地	収益等実施費用額							管理運営費用額	合計（参考）	配賦基準
		収1	収2	収3	他1	他2	共通	収益等実施費用額計			
合計											

Ⅲ 融資に係る費用額（別表B(3)より）

ⓒ

別表B(1)（事業比率）16欄へ　別表B(1)（事業比率）26欄へ

NO.	貸付の内容	収益等実施費用額							管理運営費用額	合計（参考）
		収1	収2	収3	他1	他2	共通	収益等実施費用額計		
合計										

Ⅳ 無償の役務の提供等に係る費用額（別表B(4)より）

ⓓ

別表B(1)（事業比率）17欄へ　別表B(1)（事業比率）27欄へ

NO.	貸付の内容	収益等実施費用額							管理運営費用額	合計（参考）	配賦基準
		収1	収2	収3	他1	他2	共通	収益等実施費用額計			
合計											

ⓔ

Ⅴ 特定費用準備資金当期積立額（別表C(5)より）

別表B(1)（事業比率）18欄へ　別表B(1)（事業比率）28欄へ

NO.	特定費用準備資金の名称	収益等実施費用額							管理運営費用額	合計（参考）
		収1	収2	収3	他1	他2	共通	収益等実施費用額計		
合計										

Ⅵ 特定費用準備資金当期取崩額（別表C(5)より、マイナス額で記載してください。）

別表B(1)(事業比率)19欄へ　別表B(1)(事業比率)29欄

NO.	特定費用準備資金の名称	収益等実施費用額							管理運営費用額	合計（参考）
		収1	収2	収3	他1	他2	共通	収益等実施費用額計		
合計										

Ⅶ 引当金の取り崩し額（マイナス額で記載してください。）

ⓕ

別表B(1)（事業比率）20欄へ　別表B(1)（事業比率）30欄へ

NO.	引当金の名称	収益等実施費用額							管理運営費用額	合計（参考）
		収1	収2	収3	他1	他2	共通	収益等実施費用額計		
合計										

Ⅷ 財産の譲渡損等の額（認定規則第15条第1、3、4項の額をマイナス額で、第2項の額をプラス額で記載してください。）

ⓖ

別表B(1)（事業比率）21欄へ　別表B(1)（事業比率）31欄へ

NO.	財産の名称	収益等実施費用額							管理運営費用額	合計（参考）	備考（認定規則第15条のうち該当の項番を記載）
		収1	収2	収3	他1	他2	共通	収益等実施費用額計			
合計											

ⓗ

Ⅸ 合計

別表B(1)（事業比率）23欄へ　別表B(1)（事業比率）33欄へ

	収益等実施費用額							管理運営費用額	合計（参考）
	収1	収2	収3	他1	他2	共通	収益等実施費用額計		
合計									
事業比率									

ⓑ　Ⅱ　**土地の使用に係る費用額**

所在地（略記可）は別表Ｂ（2）1欄，費用額は別表Ｂ（2）9欄，配賦基準は別表Ｂ（2）10欄より転記します。

ⓒ　Ⅲ　**融資に係る費用額**

貸付の内容（略記可）は別表Ｂ（3）3欄，費用額は別表Ｂ（3）7欄，配賦基準は別表Ｂ（3）6欄より記載します。

ⓓ　Ⅳ　**無償の役務の提供等に係る費用額**

役務提供等の内容（略記可）は別表Ｂ（4）2欄，費用額は別表Ｂ（4）10欄，配賦基準は別表Ｂ（4）11欄より転記します。

ⓔ　Ⅴ　**特定費用準備資金当期積立額・取崩額**

別表Ｃ（5）【当年度】積立額，取崩額を各事業区分に応じ転記します（取崩額はマイナスで記載してください。）。

ⓕ　Ⅶ　**引当金の取り崩し額**

マイナスで記載してください。なお，引当金取崩益が計上されない処理を行った場合には記載不要です。

ⓖ　Ⅷ　**財産の譲渡損等の額**

損益計算書の経常費用の額に認定法施行規則§15Ⅰ，Ⅲ，Ⅳに定める財産の譲渡損，評価損，運用損の額が計上されている場合のみ，マイナスで記載し，費用額から減じます。
また，認定法施行規則§15Ⅱに規定する財産の原価の額が損益計算書の経常費用の額に計上されていない場合には当該金額をプラスで記載し，費用額に加えます。

ⓗ　Ⅱ～Ⅷ
該当する費用がなければ記載不要です。

ⓘ　合計（参考）
〔その 1〕の公益実施費用額と，〔その 2〕の収益等実施費用額及び管理運営費用額の合計を記載します。該当する費用がなければ記載不要です。

（出典：内閣府「定期提出書類の手引き　公益法人編」）

最後に公益目的事業比率に関連して，正味財産増減計算書内訳表と別表B（5）との関連を示すと次頁の図のようになる。

ここでは正味財産増減計算書内訳表のどの数値を別表B（5）に書き写せばよいかを示している。

なお，特定費用準備資金の積立額については①に記載されている，

公益目的事業比率に関して，別表B（1）は最後の結論であり，別表B（5）を作成した後に，別表B（1）にこれらの数値を転記することで完成する。

【正味財産増減内訳書からの転記の方法（公益目的事業比率）】

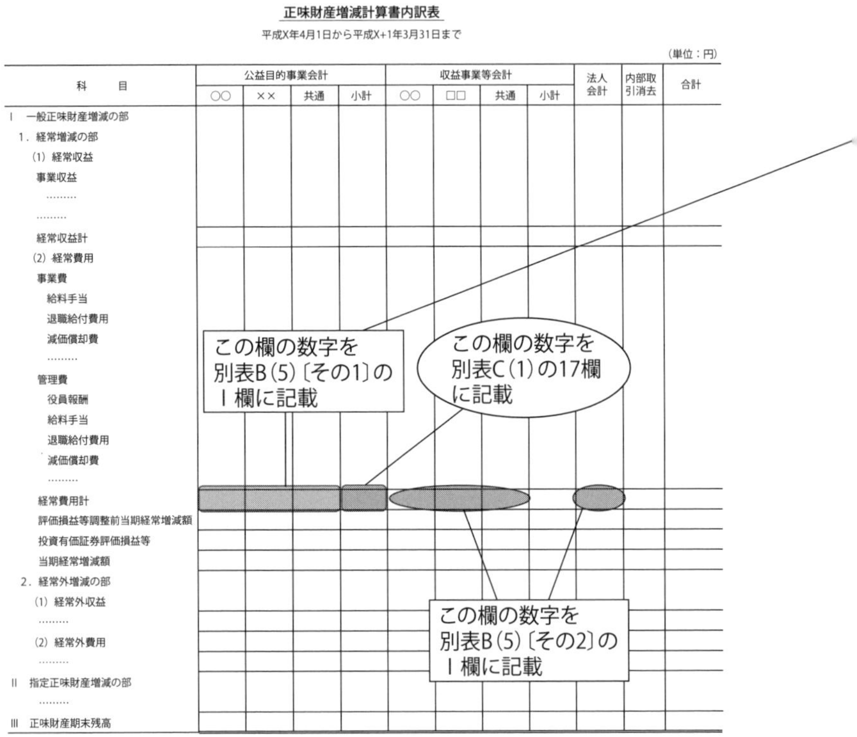

各会計区分の経常費用計に会計区分間において生じる内部取引高が含まれる場合には，これを控除した金額を別表B(5)又は別表C(1)の該当欄に記載して下さい。

「定期提出書類の手引き　公益法人編（内閣府／都道府県）39頁を基にして作成
公益財団法人 公益法人協会 研修会テキストより転載

記載要領　：　下表の水色欄（▒部分）を記載してください。

事業	自	年	月	日	法人コード	
年度	至	年	月	日	法人名	

【別表B(5)公益目的事業比率算定に係る計算表】その１

（公益法人認定法第5条第8号に定められた公益目的事業比率の算定について，各事業ごとに数値をまとめ，別表B(1)に転記するための表です。）

（単位：円）

I　事業実施に係る経常費用の額（事業費の額）

別表B(1)（事業比率）4欄へ

	公益実施費用額										
	公1	公2	公3	公4	公5	公6	公7	公8	公9	共通	公益実施費用額計
経常費用額											

II　土地の使用に係る費用額（別表B(2)より）

別表B(1)（事業比率）5欄へ

NO.	所在地	公益実施費用額										
		公1	公2	公3	公4	公5	公6	公7	公8	公9	共通	公益実施費用額計
合計												

III　融資に係る費用額（別表B(3)より）

別表B(1)（事業比率）6欄へ

NO.	貸付の内容	公益実施費用額										
		公1	公2	公3	公4	公5	公6	公7	公8	公9	共通	公益実施費用額計
合計												

IV　無償の役務の提供等に係る費用額（別表B(4)より）

別表B(1)（事業比率）7欄へ

NO.	役務提供等の名称	公益実施費用額										
		公1	公2	公3	公4	公5	公6	公7	公8	公9	共通	公益実施費用額計
合計												

V　特定費用準備資金当期積立額（別表C(5)より）

別表B(1)（事業比率）8欄へ

NO.	特定費用準備資金の名称	公益実施費用額										
		公1	公2	公3	公4	公5	公6	公7	公8	公9	共通	公益実施費用額計
合計												

VI　特定費用準備資金当期取崩額（別表C(5)より，マイナス額で記載してください。）

別表B(1)（事業比率）8欄へ

NO.	特定費用準備資金の名称	公益実施費用額										
		公1	公2	公3	公4	公5	公6	公7	公8	公9	共通	公益実施費用額計
合計												

VII　引当金の取り崩し額（マイナス額で記載してください。）

別表B(1)（事業比率）10欄へ

NO.	引当金の名称	公益実施費用額										
		公1	公2	公3	公4	公5	公6	公7	公8	公9	共通	公益実施費用額計
合計												

VIII　財産の譲渡損等の額（認定規則第15条第1, 3, 4項の額をマイナス額で，第2項の額をプラス額で記載してください。）

別表B(1)（事業比率）11欄へ

NO.	財産の名称	公益実施費用額										
		公1	公2	公3	公4	公5	公6	公7	公8	公9	共通	公益実施費用額計
合計												

IX　合計

別表B(1)（事業比率）13欄へ

	公益実施費用額										
	公1	公2	公3	公4	公5	公6	公7	公8	公9	共通	公益実施費用額計
合計											
事業比率											

3　定期提出書類別表Ｃの注意点

遊休財産規制について，その内容を整理すると以下のようになる。

遊休財産＝正味財産－（控除対象財産－対応負債） ≦公益目的事業費＋特定費用準備資金積立額

遊休財産を簡単に説明すると，正味財産に対応する資産のうち，使途が特定されていないものであり，正味財産から公益目的事業等に使用されている資産を控除した残額である。

ここでも，別表Ｃ（1）は最後の結論であり，別表Ｃ（2）から別表Ｃ（5）を作成した後に，Ｃ（1）にこれらの数値を転記することで作成する。

作成の順番は別表Ｃ（5），別表Ｃ（4），別表Ｃ（3），別表Ｃ（2），最後に別表Ｃ（1）とすると，スムーズに作成できる。

（1）別表Ｃ（1）

それでは遊休財産規制が守られているかを判定する別表Ｃ（1）を見ておこう。

◆別表Ｃ　遊休財産額について

この表の■欄を埋めていき，最下部の42欄（下図ではⓗ）に，遊休財産額が保有上限を超過していないか否かを記載します（電子申請では自動計算されます。）。
なお，この別表は，提出書に添付した貸借対照表の期末における資産，負債等を基に作成します。

別表C（1） 遊休財産額の保有制限の判定

別表C(1) 遊休財産額の保有制限の判定

事業年度	自	年	月	日	法人コード	
	至	年	月	日	法人名	

この様式では、遊休財産額が、遊休財産額の保有上限額を超えていないことを確認します。
遊休財産額は、以下の計算により算定します。

遊休財産額＝資産－（負債＋一般社団・財団法人法第131条の基金）－（控除対象財産－対応負債の額※） ⓐ

※対応負債の額とは、控除対象財産に直接対応する負債の額とその他の負債のうち控除対象財産に按分された負債の合計額です。
なお、控除対象財産から対応負債の額を控除するのは、借入金等によって資産を取得している場合には、負債が二重で減算されることになってしまうためです。

1．遊休財産額の計算に必要な数値の作成（下記3．及び4．に必要な数値を作成します。）

資産の部		
流動資産計	1	円
固定資産　控除対象財産（別表C(2)から転記）	2	円
固定資産　その他の固定資産　4欄-2欄	3	円
固定資産　固定資産計　5欄-1欄	4	円
資産計	5	円

記載要領

網掛けの欄に数値を入力してください。
その他の欄は、自動的に計算されます。

負債の部		
流動資産に直接対応する負債の額	6	円
控除対象財産に直接対応する負債の額　32欄	7	ⓑ　円
その他の固定資産に直接対応する負債の額	8	円
引当金勘定の合計額　35欄	9	円
その他負債の額　11欄-6欄-7欄-8欄-9欄	10	円
負債計　26欄	11	円
正味財産の部		
一般社団・財団法人法第131条の基金　27欄	12	円
指定正味財産の額　33欄	13	円
一般正味財産の額　15欄-12欄-13欄	14	円
正味財産計	15	円
負債及び正味財産合計　5欄（11欄+15欄と同額）	16	円

2．遊休財産額の保有上限額（＝公益目的事業の実施に要した費用の額に準ずる額）の計算

損益計算書上の公益目的事業に係る事業費の額	17	ⓒ　円
商品等の原価を予め費用計上していない場合のみ 商品等譲渡に係る原価相当額	18	円
特定費用準備資金の公益実施費用額への算入額（別表C(5)から転記（公益目的事業の場合のみ））	19	ⓓ　円
計（17欄+18欄+19欄）	20	円

公益実施費用額から控除する引当金の取崩額	21	ⓔ　円
財産の譲渡損、評価損等の額	22	ⓕ　円
特定費用準備資金の公益実施費用額からの控除額（別表C(5)から転記（公益目的事業の場合のみ））	23	ⓓ　円
控除額計（21欄+22欄+23欄）	24	円

3．遊休財産額の計算

資産　5欄	25	円
負債　11欄	26	円
一般社団・財団法人法第131条の基金　12欄	27	円

控除対象財産の額　2欄	28	円
対応負債の額　39欄	29	円
遊休財産額　25欄-26欄-27欄-28欄+29欄	30	円

4．対応負債の額の計算（次の2つの方法のうちいずれかを選択し、○を記載してください。）

公益法人認定法施行規則第22条第7項の方法	

公益法人認定法施行規則第22条第8項の方法	

公益法人認定法施行規則第22条第7項の方法		
控除対象財産の額　2欄	31	円
控除対象財産に直接対応する負債の額　7欄	32	円
指定正味財産の額　13欄	33	円
31欄-32欄-33欄	34	円
引当金勘定の合計額　9欄	35	円
各資産に直接対応する負債の額　6欄+7欄+8欄	36	円
その他負債の額　10欄（11欄-35欄-36欄と同額）	37	円
一般正味財産の額　14欄（5欄-11欄-12欄-13欄と同額）	38	円
対応負債の額　32欄+34欄×37欄/(37欄+38欄)	39	円

公益法人認定法施行規則第22条第8項の方法		
控除対象財産の額　2欄又は28欄	31	円
指定正味財産の額　13欄	33	円
31欄-33欄	34	円
引当金勘定の合計額　9欄	35	円
その他負債の額　11欄-35欄	37	円
一般正味財産の額　14欄（5欄-11欄-12欄-13欄と同額）	38	円
対応負債の額　34欄×37欄/(37欄+38欄)	39	円

【判定結果】

遊休財産額の保有上限額　20欄-24欄	40	ⓖ　円
遊休財産額　30欄	41	ⓗ　円
遊休財産額の保有上限額の超過の有無	42	

ⓐ 「対応負債の額」の考え方

例えば，法人の総資産500，総負債100，控除対象財産300のうち100は借入金で取得，他の資産は全て遊休財産額となるといった場合，対応負債である借入金を考慮しないで遊休財産額を計算すると，

500（総資産）－100（総負債）－300（控除対象財産）＝100

となり，遊休財産額が200という実態から離れた結果になります。

したがって控除対象財産から対応する負債の額を除くことによって，

500（総資産）－100（総負債）－（300（控除対象財産）－100（対応負債））＝200となり，負債の二重控除を排除するわけです。

ⓑ 6欄，7欄，8欄

それぞれの資産に直接対応する負債の合計額を記載します。

ⓒ 商品等譲渡に係る原価相当額

認定法施行規則§15Ⅱに規定する財産の原価の額が損益計算書の公益目的事業費の額に計上されていない場合にのみ記載します。

ⓓ 特定費用準備資金の公益実施費用額への算入額・控除額

当該事業年度の公益目的事業に係る特定費用準備資金の積立額及び取崩額の合計額を記載します。

ⓔ 公益実施費用額から控除する引当金の取崩額

損益計算書において，公益目的事業に係る引当金取崩益を計上した場合には，その合計額を記載します。

引当金を経常外増減の部で取り崩した場合もここに記載してください。

ⓕ 財産の譲渡損，評価損等の額

損益計算書の公益目的事業費の額に認定法施行規則§15Ⅰ，Ⅲ，Ⅳに定める財産の譲渡損，評価損，運用損の額が計上されている場合のみ記載し，

遊休財産の保有上限額から控除します。

ⓖ　遊休財産額の保有上限額
事業年度が１年でない場合（特例民法法人から移行した場合の公益法人としての初年度など）は，以下の計算式により算出した額を記載してください（電子申請の場合は，20欄－24欄の額が自動で表示されますので，上書きで記載してください。）。 ＜計算式＞ （20欄－24欄）／当該事業年度の月数※×12 ※当該事業年度の月数は，１月に満たない端数を生じたときは切り捨ててください（事業年度が１月に満たないときは１月としてください。）。

ⓗ　遊休財産額の保有上限額の超過の有無
遊休財産額が遊休財産額の保有上限額以下の場合は「適合」，超過している場合は「超過」と記載してください（電子申請の場合は，自動で表示されます。）。

（出典：内閣府「定期提出書類の手引き　公益法人編」）

遊休財産の計算についてはFAQ V-4-⑤に詳しく記載されているので，これを参考にして頂きたい。

FAQ　V-4-⑤　遊休財産額

遊休財産額の計算方法について詳しく教えてください。

答　１　遊休財産額は，その法人の純資産額（資産の額－負債の額）から控除対象財産（使途の定めがある財産として公益法人認定法施行規則第22条第３項に列挙されている財産。ただし，対応する負債の額を除く）を差し引いた残額です。ここでは控除対象財産から対応する負債の額を控除する計算方法について説明します。

2　まず，控除対象財産から対応する負債を除く計算をするのは，借入金等によって資産を取得しているような場合には，負債が二重で減算されることになってしまうからです。例えば法人の総資産500，総負債200，控除対象財産200のうち100は借入金で取得，他の資産は全て目的の定めがない資金として保有しているといった下記の例の場合，対応負債である借入金を考慮しないで遊休財産額を計算すると，

$$\underset{\text{総資産}}{500} - \underset{\text{総負債}}{200} - \underset{\text{控除対象財産}}{200} = 100$$

となり，目的の定めのない資金を200保有しているという実態から離れた結果になります。したがって控除対象財産から対応する負債の額を除くことによって，

$$\underset{\text{総資産}}{500} - \underset{\text{総負債}}{200} - (\underset{\text{控除対象財産}}{200} - \underset{\text{対応負債}}{100}) = 200$$

となり，負債の二重控除を排除するわけです。

貸借対照表

目的の定めのない資金 （遊休財産額） 300	借入金 200
控除対象財産 200	純資産額 300

3　公益法人認定法施行規則第22条に定める対応負債の額は，上記の例による控除対象財産に直接対応する負債と，資産との対応関係が明らかでないその他の負債のうち控除対象財産に係る負債と認められるものを合計した額としています。これらを踏まえ，具体的な計算例を示すと次のとおりです。

貸借対照表

資産	金額	負債・正味財産	金額
流動資産		負債	
現金預金	40	未払金	20
固定資産		借入金	40
基本財産		その他	20
土地	80	賞与引当金	20
建物	40	負債合計	100
その他固定資産		正味財産	
その他	90	指定正味財産	70
		一般正味財産	80
資産合計	250	負債・正味財産合計	250

※　控除対象財産は公益目的保有財産とした土地（80）及び建物（40）

資産の各科目との対応関係が明らかな負債の額	未払金（20）は翌期首に現金預金から支払うもの 借入金（40）は次の資産の取得に充てている（建物10, その他資産 30）　控除対象財産に対応する負債

《個別対応方式》（認定規則第 22 条第 7 項）

まず，控除対象財産と個別の対応関係が明らかな負債を特定する。控除対象財産より，負債との個別の対応関係が明らかな額と指定正味財産から充当される額とを控除した財産額の中には，資産の各科目との対応関係が明らかでない負債に係るものが含まれうるが，これを資産の各科目との対応関係が明らかでない負債の額と一般正味財産額との割合に基づいて算出する。

資産		負債			控除対象財産（A）		対応負債（B）			遊休財産額
250	−	100	−	（	120	−	18	）	＝	48

対応負債（B）　控除対象財産に対する負債　控除対象財産（A）　控除対象財産に対する負債　指定正味財産

18　＝　10　＋（　120　－　10　－　70）

負債　引当金　各資産に対応する負債の合計　一般正味財産

×　{㋑100　－　20　－　(20　＋　10　＋　30)}／(㋑＋　80　)

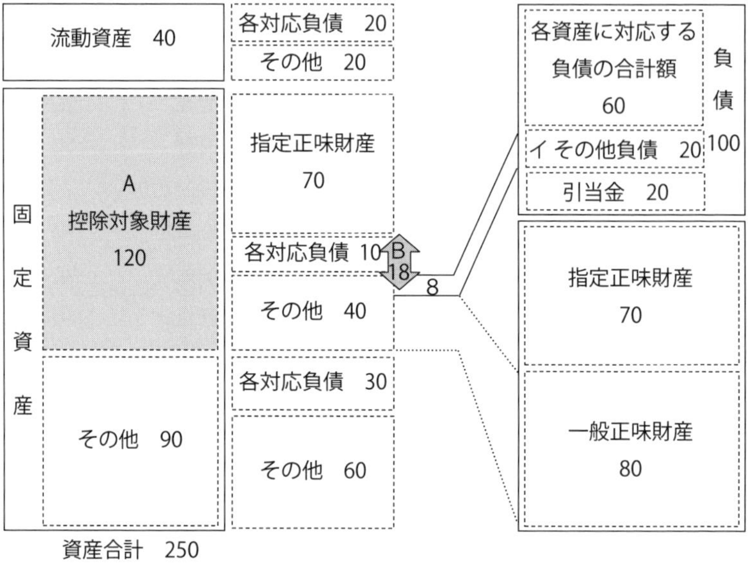

《簡便方式》（認定規則第22条第8項）

控除対象財産と個別の対応関係がある負債を特定する作業は行わない。控除対象財産より，指定正味財産から充当される額を控除した財産額の中には負債に係るものが含まれうるが，これを負債の額と一般正味財産額との割合に基づいて算出する。

資産　負債　控除対象財産（A）　対応負債（B）　遊休財産額

250　－　100　－（　120　－　25　）＝　55

対応負債（B）　控除対象財産（A）　指定正味財産　負債　引当金　一般正味財産

25　＝（　120　70　）×（①100　－　20　）／（①＋　80　）

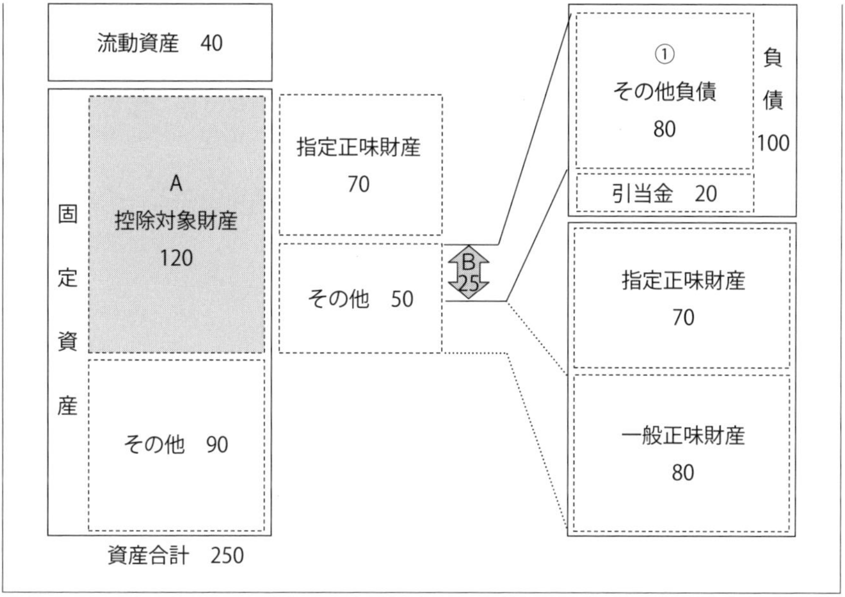

ここでの対応負債の取扱いについて，個別対応方式と簡便方式の２つが用意されているが，これは消費税の計算における個別対応方式と一括比例配分方式と同じ考え方である。

個別対応方式とは，個々の資産について未払金，資産取得のための借入金等，個別に対応する負債を整理したうえで次の（ア）と（イ）の合計額として対応負債を算定する方法である。

（ア）控除対象財産に個別に対応する負債の額の合計額
（イ）控除対象財産の合計額から指定正味財産の額，及び控除対象財産に個別に対応する負債の額を控除し，この額に資産に個別に対応しない負債（引当金を除く）の額と，一般正味財産の合計額のうちに資産に個別に対応しない負債の額の占める割合を乗じた額

（イ）の計算では，（ア）控除対象財産に個別に対応する負債の額の合計額と（イ）のうち指定正味財産の額は，控除対象財産と個別に対応することか

ら控除対象財産の合計額からこれらを除いたうえで，残りの負債（控除対象財産と個別に対応しない負債）と一般正味財産のうち，残りの負債（控除対象財産と個別に対応しない負債）で調達された控除対象財産の額を求めている。

これにより（ア）控除対象財産に個別に対応する負債の額と（イ）により計算された控除対象財産に個別に対応しない負債のうち，控除対象財産の取得に充てられたと推定される金額を計算している。

次に簡便方式とは，以下のように計算する方法である。

> 資産と負債の個別的な対応を問うことなく，控除対象財産の合計額から指定正味財産の額を控除し，この額に負債（引当金を除く）の額と一般正味財産の合計額のうちに負債の額を占める割合を乗じて計算する方法

簡便方式は，指定正味財産の額は必ず公益目的事業等に充てられているため控除対象財産の合計額からこれを除いて，負債と一般正味財産のうち，負債で調達された控除対象財産の額を按分計算により求める方法である。

なお，いずれの方式においても社団法人で正味財産に計上された基金がある場合には，これを負債に含めて計算することになっている。

上記の２つの方法のうち，手間はかかるが一般的には個別対応方式の方が計算上，有利な値になることが多い。

また，個別対応方式では未払金等の流動負債は現金預金に対応するものとして取り扱ってよいため，本来は遊休財産となる流動資産の現金預金を減らして考えることができる点も有利な点である。

なお，ここで登場する様々な財産の内容を知るには，以下のFAQが参考になる。

問Ⅴ-4-② 遊休財産額

公益目的保有財産や特定費用準備金など法令上の各種財産，資金概念の意味や相互の関係，遊休財産額との関連をわかりやすく教えてください。

答　1　公益法人認定法では，法人が公益に使うべき財産を①**公益目的事業財産**として定めていますが，これは法人が公益目的事業のために受け取った寄附金，補助金，事業収入等の全ての財産が含まれます。そこから公益目的事業の実施のために使った財産を差し引いた残りが⑤**公益目的取得財産残額**であり，引き続き公益に充てるべき財産となります。この公益目的取得財産残額は，資金として保有すると④**公益目的増減差額**であり，固定資産として保有すれば②**公益目的保有財産**となります。更に公益目的保有財産のうち，事業に不可欠特定のものがあれば一定の手続を経て③**不可欠特定財産**となります。

一方で，公益法人認定法における⑥**遊休財産額**とは，公益目的事業に限らず，公益目的事業以外のその他の必要な活動に使うことが具体的に定まっていない財産を指します。具体的な計算方法は，法人の財産の中で目的，用途が具体的に定まっている財産を⑦**控除対象財産**とし，法人の純資産からこの控除対象財産を差し引いた金額となります。

この⑦**控除対象財産**に分類される財産は，遊休財産額には含まれませんが，まず，②**公益目的保有財産**は控除対象財産です。また，公益目的に限らず，特定の事業の実施又は特定の資産の取得，改良に充てるために，一定の要件を充たしつつ積み立てる資金を，それぞれ⑧**特定費用準備資金**，⑨**資産取得資金**として定めていますが，これらも控除対象財産です。

なお，遊休財産額は一年分の公益目的事業費相当額を保有の上限としていますが，その考え方は，仮に法人の収入源が途絶えた場合においても一年程度は公益目的事業が実施できるよう，特段の使途の定めがない財産を保有することを認めたものです（問Ⅴ-4-①参照）。

2　これらの公益法人認定法で定める各種の財産，資産概念について，それぞれ説明すると次のとおりです。

①　公益目的事業財産（公益法人認定法第18条，公益法人認定法施行規則第26条，ガイドラインⅠ-17.）

公益目的事業に関して得た寄附金，補助金，対価収入等の財産で，公益目的事業のために使用，処分しなければなりません。特定の目的，使途が定まっていなければ⑥**遊休財産額**となる可能性があります。

② 公益目的保有財産（公益法人認定法第18条第5号から第7号まで，公益法人認定法施行規則第26条第6号及び第7号，ガイドラインⅠ-8.(1)）

①**公益目的事業財産**の一部であり，次の固定資産が該当します。

- ①**公益目的事業財産**を支出することで得た財産
- ③**不可欠特定財産**
- 法人自ら公益目的に使用すると定めた財産

貸借対照表等では固定資産に区分して表示され，対象資産が金融資産の場合には基本財産又は特定資産として表示します。また，継続して公益目的事業のために使用しなければなりません。

③ 不可欠特定財産（公益法人認定法第5条第16号及び第18条第6号，ガイドラインⅠ-15.）

②**公益目的保有財産**の一部で，公益目的事業を行うための不可欠で特定の財産に限られます。貸借対照表上では基本財産として表示しますが，通常の土地，建物のように買換え可能なものや金融資産は該当しません。なお，認定前に取得した不可欠特定財産は，取消し時の⑤**公益目的取得財産残額**から除かれます。

不可欠特定財産は，定款にその旨，維持及び処分の制限を定めることが認定基準となっています。

④ 公益目的増減差額（公益法人認定法施行規則第48条第3項）

公益に充てられるべき資金（流動資産）であり，当該事業年度中に増加した①**公益目的事業財産**から当該年度の公益目的事業費等を差し引いた額が，前事業年度末からの公益目的増減差額の変動額になります。

⑤　公益目的取得財産残額（公益法人認定法第30条，公益法人認定法施行規則第48条）

毎事業年度末における①**公益目的事業財産**の未使用残高です。認定取消し時には残高に相当する金額を，法で定める適格な法人のうち，定款で定める者に贈与しなければなりません。④**公益目的増減差額**と②**公益目的保有財産**の合計額で，毎事業年度末，計算し，行政庁に報告します。

⑥　遊休財産額（公益法人認定法第５条第９号及び第16条，公益法人認定法施行規則第20条から第22条まで，ガイドラインⅠ-8.）

遊休財産額の算出方法としては，その法人の純資産額（総資産-総負債）から⑦**控除対象財産**（対応する負債の額を除く）を引いた残額を遊休財産額としていますが（公益法人認定法施行規則第22条），実質的には，特定の目的，使途を持たずに保有している財産がこれに該当します。１年分の事業費相当額まで保有することができます。

⑦　控除対象財産（公益法人認定法施行規則第22条第３項，ガイドラインⅠ-8.）

法人の資産のうち，⑥**遊休財産額**から除かれる一定の用途を持った財産で，以下のものが列挙されています。なお，引当資産は見合いの引当金とともに，遊休財産額の計算過程において控除されるため，遊休財産額には含まれません。

- ②**公益目的保有財産**
- 公益目的事業を行うために必要な収益事業等や管理運営に供する財産
- ⑧**特定費用準備資金**
- ⑨**資産取得資金**
- 寄附等によって受け入れた財産で，財産を交付した者の定めた使途に従って使用又は保有されているもの及び定めた使途に充てるために保有している資金

⑧　特定費用準備資金（公益法人認定法施行規則第18条，ガイドラインⅠ-7.(5)）

将来の特定の事業費，管理費に充てるため，法人の任意で積み立てる資金で，貸借対照表上の特定資産として計上します。資金の目的となる事業の種類は問いませんが，一定の要件を充たすとともに事業毎に積み立てる必要があります（公益法人認定法施行規則第18条第３項，問Ⅴ-3-④参照）。

特定費用準備資金は次の各認定基準等と関係があります。

・　収支相償（(公益法人認定法第５条第６号及び第14条，ガイドラインⅠ-5，問Ⅴ-2-④参照)

　公益目的事業に係る特定費用準備資金に積み立てた金額がある場合には，その積立て額を収支相償の計算上は費用とみなして，事業に関する費用の額に加算します。収益事業等の利益の50％を公益目的事業財産に繰入れる場合には，目的に沿った積立ては必要ですが，積立て期間内に計画的に積み立てる計算までは必要ありません。

・　公益目的事業比率（公益法人認定法第５条第８号及び第15条）

　特定費用準備資金に繰り入れた金額がある場合には，その繰入額を費用とみなして事業等の区分に応じてそれぞれの経常費用に加算します。

・　遊休財産（公益法人認定法第５条第９号及び第16条，公益法人認定法施行規則第21条第３号及び第22条第３項第４号）

　公益目的事業に係る特定費用準備資金に繰り入れた金額がある場合には，その繰入額を費用とみなし，遊休財産額の上限額である一年分の公益目的事業費相当額に加算します。

⑨　資産取得資金（公益法人認定法施行規則第22条第３項第３号）

特定の財産の取得又は改良に充てるため，法人の任意で積み立てる資金で，貸借対照表上の特定資産として計上します。資金の目的となる財産が供される事業の種類は問いませんが，特定費用準備資金と同様の要件を充たすとともに，同一の財産を公益目的事業及び収益事業等で共同して用いる場合には，事業区分別に積み立てる必要があります（公益法人認定法施行規則第 22 条第 4 項）。

資産取得資金は，次の各認定基準等と関係があります。

・ 収支相償（(公益法人認定法第 5 条第 6 号及び第 14 条，ガイドライン I -5.）

公益目的事業に係る資産取得資金に積み立てた金額がある場合には，その積立て額を収支相償の計算上は費用とみなして，事業に関する費用の額に加算します。収益事業等の利益の 50 % を公益目的事業財産に繰り入れる場合には，目的に沿った積立ては必要ですが，積立て期間内に計画的に積み立てる計算までは必要ありません。

法人の財産と控除対象財産の関係

財産目録の例（抜粋）

この表は法人の財産の一部を整理したものであり，全ての財産を示しているものではありません。

貸借対照表科目（財産の科目）		財産の使途・保有目的	控除対象財産（丸付き数字は規則22③該当号）
（流動資産）	現金預金	特に使途の定めがないもの	―
（固定資産）基本財産（注1）（注2）	土地・建物等	公益目的事業実施のために保有	①公益目的保有財産
		公益目的事業を支える収益事業等財産	②収益事業・管理活動財産
	○○基金（預金・有価証券等）	公益目的事業に果実を充当	①公益目的保有財産
		管理費に果実を充当（適正な範囲に限る）	②収益事業・管理活動財産
	美術品コレクション	美術館展示に不可欠な特定の財産	①公益目的保有財産（不可欠特定財産）
特定資産（注3）	土地・建物等	公益目的事業実施のために保有	①公益目的保有財産
		管理費に収益を充当（適正な範囲に限る）	
		寄附を受けた財産で寄附者の定めた使途に従っているもの	⑤寄附等によって受け入れた財産で寄附した者の定めた使途で使用されている財産
	預金・有価証券等	公益目的事業に果実を充当	①公益目的保有財産
		管理費に果実を充当（適正な範囲に限る）	②収益事業・管理活動財産
	修繕積立資産（資産取得資金）	公益に使う建物の大規模修繕のために積み立てているもの	③資産取得資金
	○○事業実施積立資産（特定費用準備資金）	公益目的事業拡充に備え積み立てているもの	④特定費用準備資金
その他固定資産	土地 建物 構築物	公益目的事業を支える収益事業等財産	②収益事業・管理活動財産
		その他	―

一般社団・財団法人法：財団法人の目的である事業を行うために不可欠なものとして定款で定めたもの維持義務と処分制限あり

公益法人会社基準：定款において基本財産と定められた資産

公益法人会社基準：特定の目的のために使途等に制約を課した資産

（注1）一般社団・財団法人法：
財団法人の目的である事業を行うために不可欠なものとして定款で定めたもの
維持義務と処分制限あり
（注2）公益法人会計基準
定款において基本財産と定められた資産
（注3）公益法人会計基準
特定の目的のために使途等に制約を課した資産

※①②⑤の財産でも継続して事業の用に供していない場合等には，控除対象財産に該当しません。

このFAQでは，控除対象財産として公益目的保有財産以外に，特定費用準備資金や資産取得資金についてゴシック体の太字で表しており，これらの積極的な利用を促していることがわかる。

特に最後の「法人の財産と控除対象財産の関係」の図では具体例を示しているので，法人の実務に大いに役立つものになっている。

この図では，流動資産は基本的に控除対象財産には該当せず，逆に固定資産は最後のその他を除いて控除対象財産になっている。

このことから，流動資産の現金預金の使途を特定して固定資産の特定資産として計上することで，控除対象財産とすることができることがわかる。

さらにすでに見ているが次のFAQ Ⅴ-4-③において，将来の収支の変動に備えて法人が自主的に積み立てる財政基盤確保のための資金（基金）は特定費用準備資金の要件を満たす限り，遊休資産から除かれる旨が明らかにされている。

問Ⅴ-4-③　遊休財産額

収支の変動に備えて積み立てている財産基盤確保のための募金（基金），基本財産からの運用益を積み立てている運用財産，減価償却引当資産，建物の修繕積立金，土地取得のための積立金等は遊休財産となるのでしょうか。

答　1　遊休財産となるかどうかは，財産に付けられる名前によってではなく，財産の用途によって判断されることになります。公益法人認定法においては，法人の資産から負債を控除した純資産の中で，次の控除対象財産（公益法人認定法施行規則第22条第3項）の要件に合致する財産に相当するものは遊休財産額には含まれません（問Ⅴ-4-②参照）。

① 公益目的保有財産

② 公益目的事業を行うために必要な収益事業等や管理運営に供する財産

③ 資産取得資金

④ 特定費用準備資金

⑤　寄附等によって受け入れた財産で，財産を交付した者の定めた使途に従って使用又は保有されているもの及び定めた使途に充てるために保有している資金

2　基本財産からの運用益を積み立てている運用財産は，単に積み立てているだけでは，上記のいずれにも該当しないため遊休財産額に含まれます。運用益を管理業務に充てるため又は公益目的事業に充てるために保有する金融資産として，適正な範囲に限った上で，それぞれ上記①又は②の財産として貸借対照表上の特定資産に計上するものは，遊休財産額には入りません（公益認定等ガイドラインⅠ-8.（1）（2））。

また，予備費などの将来の単なる備えや資金繰りのために保有している資金も遊休財産に含まれます。将来の収支の変動に備えて法人が自主的に積み立てる財政基盤確保のための資金（基金）は，過去の実績や事業環境の見通しを勘案して，活動見込みや限度額の見積もりが可能など，④特定費用準備資金の要件を満たす限りで，遊休財産額からは除外されます（問Ⅴ-3-④参照）。

3　減価償却引当資産，建物の修繕積立金，土地取得のための積立金は，特定の財産の取得又は改良に充てるための上記③資産取得資金の要件（公益法人認定法施行規則第22条第４項）を満たしていれば，遊休財産額には含まれません。

これにとどまらず以下のFAQ Ⅴ-4-④において，特定費用準備資金と資産取得資金の利用方法まで解説することで，この２つを用いることのメリットを強調している。

問Ⅴ-4-④　遊休財産額

特定費用準備資金と資産取得資金の違いを教えてください。

答　1　特定費用準備資金（公益法人認定法施行規則第 18 条）は，将来の特定の事業費，管理費に特別に支出するために積み立てる資金です。将来，費用として支出することが予定されていることから，公益目的事業比率の算定上，前倒し的に積立額をみなし費用として算入することが可能なほか，資金の使途が具体的に定まっていることから遊休財産額から除外されます。

2　資産取得資金（公益法人認定法施行規則第 22 条第 3 項第 3 号）は，将来，公益目的事業やその他の必要な事業，活動に用いる実物資産を取得又は改良するために積み立てる資金です。資産の取得又は改良を行った時点では資金から実物資産に振り替わるだけであるため，費用で計る公益目的事業比率の算定には積立額を算入することはできませんが，資金の使途が具体的に定まっていることから遊休財産額から除外されます。

3　両資金とも，資金の目的である活動の実施や財産の取得又は改良が具体的に見込まれていること，資金毎に他の資金と区分して管理されていること，積立て限度額が合理的に算定されていること，算定の根拠が公表されていることといった要件を充たす必要があります（公益法人認定法施行規則第 18 条第 3 項及び第 22 条第 4 項，問Ⅴ-3-④，問Ⅴ-4-②参照）。

4　例えば，将来の事業計画として，施設等の整備を行ないつつ事業の拡充を計画している場合には，そういった施設等の資産の整備は，資産取得資金の積立対象ともなりうるところ，それらも一体のものとして特定費用準備資金に計上，管理することができます。なお，特定費用準備資金を取り崩して事業を実施した事業年度においては，事業費から資金の取崩し額を控除して公益目的事業比率を算定しますが（公益法人認定法施行規則第18条第２項及び第４項第１号），資産の取得等も一体のものとして特定費用準備資金を利用した場合には，資金のうち資産の取得等に充てられた分は費用にはならない一方，資産の取得等分も含めた資金の取崩し額は全額，事業費から控除して公益目的事業比率を算定することになるため，同比率が実際より引き下げられる結果となることに注意が必要です。

5　特定の事業と結びつくことがなく，法人の事業全体に係るインフラ整備としての設備の取得や更新，本部のある建物の修繕のための積立金は資産取得資金として計上することが適当です。

（2）別表Ｃ（2）

次に控除対象財産の表である別表Ｃ（2）を見ておこう。

別表Ｃ（2）　控除対象財産

遊休財産額の計算に際して，控除する対象資産について説明していただくものです。

【記載上の注意】

・「1．公益目的保有財産」には，公益目的事業の用に供する財産（認定法§18⑤～⑦，認定法施行規則§26⑥⑦，認定法施行規則附則Ⅱ①）及び不可欠特定財産（認定法§18⑥（同法§5⑯））をすべて記載してください。

・公益目的事業と公益目的事業以外に共用する財産は，別表Ｃ（3）に基づき，面積，帳簿価額等を区分した上で，公益目的事業の用に供する部分のみ公益目的保有財産に記載してください。また，公益目的事業以外の用に供する部分は，「2．公益目的事業に必要な収益事業等その他の業務又は活動の用に供する財産」に記載してください。

・公益目的事業と公益目的事業以外に共用する財産であっても，それぞれの用に供する箇所について物理的な特定が困難で区分できない場合には，一の事業の資産として当該財産を経理してください。
・「2. 公益目的事業に必要な収益事業等その他の業務又は活動の用に供する財産」には，公益目的事業の財源確保のため又は公益目的事業に付随して行う収益事業等の用に供する固定資産，公益目的事業や当該収益事業等の管理業務の用に供する固定資産を記載してください。
・遊休財産額については「FAQ問Ⅴ-4-①～⑬（遊休財産額）」で説明しています。併せて参照してください。

ⓐ　財産の名称，場所，面積，構造，物量等

貸借対照表及び財産目録と一致した記載にしてください。

ⓑ　事業番号

当該財産の使用実態に応じて，別紙３の「1. 事業の一覧」の該当する事業番号を記載してください。複数の事業に使用している場合は，複数の事業番号を記載してください。法人の管理運営に用いる財産は，「管」と記載してください。

ⓒ　財産の使用状況

当該財産の使用状況を記載してください。当該財産を公益目的事業と公益目的事業以外に共用している場合は，財産全体の使用の概要を記載の上，当該事業における使用面積，使用状況等を記載してください。

ⓓ不可欠特定財産，取得時期

当該財産が不可欠特定財産である場合には，上段に○を記載し，下段に当該財産を取得した時期を「認定前」，「認定後」のいずれかで記載してください。
金融資産は該当しませんので御留意ください。

記載要領　：　下表の水色欄（　部分）を記載してください。

別表C(2)　控除対象財産

事業年度	自	年	月	日	法人コード	
	至	年	月	日	法人名	

※1　法人の管理運営に用いる財産については、事業番号の欄に「管」と記載してください。
※2　期首：申請書に添付した収支予算書の期首、期末：申請書に添付した収支

1. 公益目的保有財産

ⓓ ⓔ

番号	財産の名称	場所 面積、構造、物量等	事業番号 ※1	財産の使用状況 （概要、使用面積、使用状況等）	帳簿価額 期首※2	 期末※2	不可欠特定財産 取得時期	共用財産 共用割合
1					円	円		
2					円	円		
3					円	円		
4					円	円		
5	ⓐ		ⓑ	ⓒ	円	円		
6					円	円		
7					円	円		
8					円	円		
9					円	円		
10					円	円		
計(A)					円	円		

ⓕ

2. 公益目的事業に必要な収益事業等その他の業務又は活動の用に供する財産

番号	財産の名称	場所 面積、構造、物量等	事業番号 ※1	財産の使用状況 （概要、使用面積、使用状況等）	帳簿価額 期首※2	 期末※2	共用財産 共用割合
1					円	円	
2					円	円	
3	ⓐ		ⓑ	ⓒ	円	円	
4					円	円	
5					円	円	
計(B)					円	円	

法人会計に区分経理した積立金等から生じた果実を管理費の財源に充てる場合，果実が適正な管理費相当額の範囲内である場合は 2. の財産に該当します。
自己で所有する施設等の災害復旧，復興に充てるために積み立てる資金を合理的に見積もった範囲で特定資産として経理する場合には 2. の財産に該当します。また，災害救援等を事業として行うことを定款に位置づけている法人が，災害等発生時の緊急支援のための備えを過去の実績や類例等から合理的に見積もった資金は 4. の資金で整理できます。

ⓔ　共用財産，共用割合

当該財産を「1．公益目的保有財産」と「2．公益目的事業に必要な収益事業等その他の業務又は活動の用に供する財産」に区分して記載した場合は，上段に当該財産の「2．公益目的事業に必要な収益事業等その他の業務又は活動の用に供する財産」における番号を記載してください。（記載例：2–1）また，別表 C（3）に基づき，下段に当該財産全体に占める公益目的事業に使用する割合を％で記載してください（共用財産であって，それぞれの用に供する箇所について物理的な特定が困難で区分できず，当該財産全体を公益目的保有財産に記載した場合であっても，公益目的事業に使用する割合は記載してください。）。

ⓕ　共用財産，共用割合

当該財産を「1．公益目的保有財産」と「2．公益目的事業に必要な収益事業等その他の業務又は活動の用に供する財産」に区分して記載した場合は，上段に当該財産の「1．公益目的保有財産」における番号を記載してください（記載例：1–1）。また，別表 C（3）に基づき，下段に当該財産全体に占める公益目的事業以外に使用する割合を％で記載してください。
※公益目的保有財産は公益目的事業財産であり，原則として公益目的事業以外に使用することができませんので，原則としてその共有割合を低下することはできません。

【記載上の注意】

・「3. 資産取得資金」は，別表C（4）の資産取得資金について，記載してください。
外形的にひとつの資産を取得する場合であっても，「公益目的保有財産」と「公益目的事業に必要な収益事業等その他の業務又は活動の用に供する財産」に区分される共用財産を取得する場合には，「公益目的保有財産」を取得する資産取得資金と「公益目的事業に必要な収益事業等その他の業務又は活動の用に供する財産」を取得する資産取得資金に区分してください。
取得する資産が，公益目的事業と公益目的事業以外の用に共用する資産であっても，それぞれの用に供する箇所について物理的な特定が困難で，区分できない場合には，一の事業の資産として資産取得資金を経理してください。

・「4. 特定費用準備資金」は，別表C（5）の特定費用準備資金について，記載してください。

・「5. 交付者の定めた使途に従って現に使用・保有している財産【5号財産】」及び「6. 交付者の定めた使途に充てるために保有している資金【6号財産】」には，既に1～4に記載した財産を記載することはできません。
また，交付者の定めた使途が記載された書類は備置及び閲覧の措置を講じる必要があります。

ⓖ　資金の名称又は財産の名称

貸借対照表及び財産目録と一致した記載にしてください。

ⓗ　公益目的保有財産

当該資産取得資金により，公益目的保有財産を取得する場合には，○を記載してください。

ⓗ ⓘ

3．資産取得資金（別表C(4)より）

番号	資金の名称	事業番号※1	資金の目的	帳簿価額		公益目的保有財産	共用財産 共用割合
				期首※2	期末※2		
1	ⓖ			円	円		
2				円	円		
計(C)				円	円		

4．特定費用準備資金（別表C(5)より）

番号	資金の名称	事業番号※1	資金の目的	帳簿価額	
				期首※2	期末※2
1	ⓖ			円	円
2				円	円
計(D)				円	円

5．交付者の定めた使途に従い使用・保有している財産（1～4に記載した財産は含まれません。）

番号	財産の名称	事業番号※1	交付者の定めた使途	帳簿価額	
				期首※2	期末※2
1	ⓖ			円	円
2				円	円
計(E)				円	円

6．交付者の定めた使途に充てるために保有している資金（1～4に記載した資金は含まれません。）

番号	資金の名称	事業番号※1	交付者の定めた使途	帳簿価額	
				期首※2	期末※2
1	ⓖ			円	円
2				円	円
計(F)				円	円

控除対象財産の額（A～Fの合計）	期首※2	期末※2
	円	円

この額を別表C(1)の2欄に転記

ⓘ　共用財産，共用割合

「公益目的保有財産」と「公益目的事業に必要な収益事業等その他の業務又は活動の用に供する財産」に区分される共用財産を取得するために，資産取得資金を区分した場合には，上段に関連する資産取得資金の番号を記載してください。（記載例：3-2）
また，別表C（4）に基づき，下段に共用割合を％で記載してください。この場合，公益資産の取得に充てる資金については，当該資産全体に占める公益資産への配賦割合を記載し，公益資産以外の取得に充てる資金については，当該資産全体に占める公益資産以外への配賦割合を記載してください。
なお，物理的な特定が困難で一の資産とした場合には公益資産の取得に充てる資金については，当該資産全体に占める公益資産に使用する割合を記載し，公益資産以外の取得に充てる資金については，当該資産全体に占める公益目的事業以外に使用する割合を記載してください。

（3）控除対象財産と財務諸表の関係

以下の表は別表C（5）から（3）を作成した後にまとめとして作成する。

公益法人では各事業にまたがる共用財産が多いため，事業間相互の共用状況がわかるように工夫されている。

なお，この表と共通費用の配賦に係る別表F（2）との関係に矛盾がないよう注意しなければならない。

≪参考≫別表C（2）控除対象財産と財務諸表の関係

控除対象財産と財務諸表との関係を整理しますと，以下のようになります。

会計上の資産区分	財産の使途・保有目的と認定法における財産区分		控除対象財産該当号
（流動資産）	特に使途の定めがないもの（遊休財産）		×
（固定資産）基本財産	公益目的保有財産	不可欠特定財産	一
		不可欠特定財産以外の公益目的事業財産	
	収益事業等・管理活動財産		二
	寄附者等による使途の指定のある財産・資金		五，六
	使途・用途不明等（上記以外）（遊休財産）		×
特定資産	公益目的保有財産	不可欠特定財産以外の公益目的事業財産	一
	収益事業等・管理活動財産		二
	資産取得資金		三
	特定費用準備資金		四
	寄附者等による使途の指定のある財産・資金		五，六
	使途・用途不明等（上記以外）（遊休財産）		×
その他固定資産	公益目的保有財産（金融資産以外）		一
	収益事業等・管理活動財産（金融資産以外）		二
	使途・用途不明等（上記以外）（遊休財産）		×

（注）「控除対象財産」欄　一～六：認定法施行規則第22条第3項各号に該当
×：該当のないことを示します。

（出典：内閣府「定期提出書類の手引き　公益法人編」）

（4）別表C（3）

次は公益目的保有財産配賦計算表（別表C（3））である。

この配賦基準の設定については下記のFAQにより，詳細なデータは不要であり，法人が合理的であると判断した配賦基準でよいとされているのであまり心配しなくてよい。

なお，当然ながら別表C（3）と別表C（2）の間の整合性も重要である。

ここでも上段に入力すれば，中段と下段は自動計算される。

別表C（3） 公益目的保有財産配賦計算表

公益目的保有財産がなければ，この別表は作成不要です。

別表C（2）中の「1．公益目的保有財産」について，各事業別に配賦する際の基準と，その結果配賦された額について説明していただくものです。上段に配賦の根拠数値（単位は記載しないでください。）を記載すれば，中段，下段ともに自動計算されます。

ⓐ 財産の名称

貸借対照表又は財産目録と一致した記載にしてください。

ⓑ 帳簿価額

提出書に添付した貸借対照表の期末における帳簿価額を記載してください。

ⓒ 配賦基準

当該公益目的保有財産を公益目的事業と公益目的事業以外の両方の用に共用する場合，各事業や法人会計に配賦する基準（例えば，土地や建物の場合であれば面積比など）とその単位を記載してください。

ⓓ 公益目的事業会計，収益事業等会計

上段に別紙3の「1．事業の一覧」の該当する事業番号を記載し，下段に適宜，事業の略称を記載してください。

記載要領　：　下表の水色欄（　部分）を記載してください。また、必要に応じて、行を追加・削除してください。

別表C(3)　公益目的保有財産配賦計算表

事業年度	自	年	月	日	法人コード	
	至	年	月	日	法人名	

別表C(2) 控除対象財産 における1. 公益目的保有財産の各事業への配賦方法を確認するものです。
複数の事業に関連する財産については、配賦基準を明記の上、記載してください。

ⓓ（上段：配賦の根拠数値、中段：配賦割合、下段：配賦額）（単位：円）

番号	ⓐ 財産の名称	ⓑ 帳簿価額	ⓒ 配賦基準	公益目的事業会計							収益事業等会計						法人会計
				公1	公2	公3	公4	公5	共通	小計	収1	収2	他1	他2	共通	小計	
1																	
2																	
3																	
4																	
5																	
6																	
7																	
8																	

（出典：内閣府「定期提出書類の手引き　公益法人編」）

(5) 別表C(4)

次は資産取得資金である別表C(4)である。

収支相償規定等で利用される資産取得資金については，ここでその具体的な内容を明らかにするようになっている。

最もよく利用されている例としては，将来のシステム開発投資のための積立資金がある。

これは，システム開発投資は一般的に多額になりやすく，10年を超える長期の積立を要するケースが多いことや，この投資が無形固定資産のソフトウェアに該当するため，資産取得資金の概念にずばり当てはまることによる。

積立てに際しては特定費用準備資金と同様に，収益事業等会計の利益の50％超繰入れの場合には，毎期定額の積立てが必要であるが，50％を繰入れている場合は，そのような規則性をもたせる必要はない。

なお，資産取得資金がない場合は，この表の作成は不要である。

別表C(4) 資産取得資金

資産取得資金がない場合には，この別表は作成不要です。

別表C(2)中「3．資産取得資金」について，説明していただくものです。

【記載上の注意】

・この様式は，資産取得資金ごとに作成してください。

・資産取得資金は，積立対象資産ごとに1つの資金としてください。

・外形的に1つの資産を取得する場合であっても，「公益目的保有財産」と「公益目的事業に必要な収益事業等その他の業務又は活動の用に供する財産」に区分される共用財産を取得する場合には，「公益目的保有財産」を取得する資産取得資金と「公益目的事業に必要な収益事業等その他の業務又は活動の用に供する財産」を取得する資産取得資金に区分して作成してください。

・取得する資産が，公益目的事業と公益目的事業以外の用に共用する資産であっても，それぞれの用に供する箇所について物理的な特定が困難で，区分できない場合には，一の事業の資産として資産取得資金を経理してください。

ⓐ　NO.
別表C（4）ごとに通し番号（別表C（2）「3．資産取得資金」の番号と一致した番号）を記載してください。

ⓑ　事業番号
別紙3の「1．事業の一覧」の該当する事業番号を記載してください。

ⓒ　資産取得資金の名称
貸借対照表及び財産目録と一致した記載にしてください。例えば，○○建物建替資金，○○用自動車取得資金など具体的に取得する資産がわかる名称を使用してください。

ⓓ　対象となる資産の名称
当該資産取得資金により取得等する資産の名称を記載してください。

ⓔ　当該資金の目的
当該資金により取得等する資産の使途について記載してください。

NO.	ⓐ

記載要領 ： 下表の水色欄（ 部分）を記載してください。

別表C(4) 資産取得資金

事業年度	自　　年　　月　　日	法人コード	
	至　　年　　月　　日	法人名	

別表C(2) 控除対象財産 における3．資産取得資金の明細となるほか、別表A(2) 収支相償の計算（収益事業等の利益額を50%を超えて繰入れる場合） における公益資産取得資金に関する調整及び公益目的保有財産に係る当期収支（費用）の算出に用います。

事業番号	ⓑ	資産取得資金の名称（貸借対照表科目名）	ⓒ
対象となる資産の名称	ⓓ		
当該資金の目的	ⓔ		
計画期間（事業年度）	ⓕ 平成　　年度　～　平成　　年度　（　　年間　）		
資産取得等予定時期	ⓖ		
資産の取得等に必要な額の算定方法	ⓗ		
資産全体に占める公益目的事業に使用する割合（%）※1（共用財産の場合のみ）		資産全体に占める公益目的事業に使用する割合の説明（共用財産の場合のみ）	ⓘ
当該事業年度の目的外取崩し（当該事業年度に取崩しを行った場合のみ）	あり　なし	ⓙ	

※1 資産の区分が可能な場合には資産の配賦割合を、物理的な特定が困難で一の資産とした場合には使用割合を記載してください。

1．控除対象財産における資産取得資金の計算

【当年度の前後3年間の計画】（経過年度は実績値を記載）

年度	利益の繰入割合※2		積立額	取崩額	資産取得資金の額（累計）	積立限度額
	50%	50%超				
3年度前			円	円	円	円
前々年度			円	円	円	円
前年度			円	円	円	円
当年度			ⓚ 円	円	円	ⓛ 円
次年度			円	円	円	円
次々年度			円	円	円	円
3年度後			円	円	円	円

※2 当該年度の収益事業等の利益の繰入割合について、該当欄に「○」を記載してください。

2．公益目的事業全体の収支相償における公益資産取得資金の当期積立額及び取崩額の計算

【当該資産取得資金が、公益資産取得資金である場合のみ記載が必要です。】

【当年度の前3年間の計画】

（当年度までの数値を記載）

※3 収支相償上の積立額及び取崩額は、それぞれの限度額の範囲内で記載してください。

年度	収支相償上の積立限度額	収支相償上の積立額※3	収支相償上の取崩限度額	収支相償上の取崩額※3	収支相償上の資産取得資金の額（累計）
3年度前	円	円	円	円	円
前々年度	ⓜ 円	ⓝ 円	ⓞ 円	ⓟ 円	円
前年度	円	円	円	円	円
当年度	円	円	円	円	円

収益事業等の利益額を50%を超えて繰入れる場合は、これらの数値を、それぞれ、別表A(2)（収益事業等の利益額を50%を超えて繰入れる場合）の公益資産取得資金に関する調整（12欄）に算入してください。

1．の当年度の取崩額

円

収益事業等の利益額を50%を超えて繰入れる場合は、この数値を、別表A(2)（収益事業等の利益額を50%を超えて繰入れる場合）の公益目的保有財産に係る当期収支（13欄）（費用）に算入してください。

ⓕ　計画期間（事業年度）

最初の積立てから最後の取崩しまでの計画期間を記載してください。なお，資産取得のために移行時までに積み立ててあった積立金を移行時に資産取得資金に振替えた場合であっても，新規に資産取得資金を積立てることとなるため，移行前の積立期間は含めないでください。

ⓖ　資産取得等予定時期

資産取得等の予定の時期を記載してください。なお，時期を詳細に記載する必要はありませんが，資産取得等を予定する年度は必ず記載してください。

ⓗ　資産の取得等に必要な額の算定方法

資産の取得等に必要な額をどのように算定したのか，算定根拠を示して説明してください。

ⓘ　資産全体に占める公益目的事業に使用する割合の説明（共用財産の場合のみ）

資産取得資金により取得等をする資産の公益目的事業の用に使用する割合について，算定根拠を示して説明してください。

ⓙ　当該事業年度の目的外取崩し

当該事業年度に，当該資産取得資金の目的以外に使用するために取崩しを行った場合は，「あり」にチェックしてください。

ⓚ　積立額，取崩額

各事業年度における積立額，取崩額（次年度以降は計画分）を記載してください。

ⓛ　積立限度額

資金を取崩した年度の翌年度の積立限度額は，当該取崩した年度の積立限度額から当該取崩し額を減算した額を記載してください。

ⓜ　収支相償上の積立限度額

過去の事業年度分については，前年度の事業報告に記載した数値を転記してください。

当該事業年度分については，次のとおりとなります。

①　収益事業等の利益の 50 %を繰入れる場合

積立額がそのまま積立限度額となります。

②　収益事業等の利益の 50 %超を繰入れる場合

「(各資金の積立限度額－前期末の当該資金の残高)/目的支出予定時までの残存年数」として計算される額が積立限度額となります。

ⓝ　収支相償上の積立額

過去の事業年度分については，前年度の事業報告に記載した数値を転記してください。

当該事業年度分については，当該事業年度に積立てた額を記載してください。ただし，積立額が，上記ⓜで計算される限度額を上回る場合は，当該限度額を記載してください。

ⓞ　収支相償上の取崩限度額

過去の事業年度分については，前年度の事業報告に記載した数値を転記してください。

当該事業年度分については，取崩しが発生しない場合は，0 を記載してください。取崩しが発生する場合は，「収支相償上の資産取得資金の額（累計)」の前事業年度欄の額に，当該事業年度における「収支相償上の積立額」(ⓝ) を加えた額を記載してください。

ⓟ　収支相償上の取崩額
過去の事業年度分については，前年度の事業報告に記載した数値を転記してください。 当該事業年度分については，当該事業年度に取崩した額を記載してください。ただし，取崩額が，ⓞで計算される限度額を上回る場合は，当該限度額を記載してください。

資産取得資金を積立てる際は，目的外取崩しについての特別の手続の定め並びに積立限度額及びその算定の根拠について，認定法 §21 の規定の例により備置及び閲覧の措置を講じる必要があります（認定法施行規則 §22 Ⅳ，§18 Ⅲ⑤）。

《過去に積立てていた積立金を資産取得資金に振り替える場合》

資産取得のためこれまでに積立ててあった積立金を資産取得資金に振り替える場合，これまでの積立額は，次のとおり記載してください。

① 「積立額」欄（上記ⓚ）は，「計画期間（事業年度）」欄に記載している，資産取得資金としての最初の積立年度の前事業年度の欄に，積立累計額を一括して記載する。

② 「利益の繰入割合」欄は，「50 %」に○を記載する。

③ 「収支相償上の積立限度額」（上記ⓜ）欄及び「収支相償上の積立額」（上記ⓝ）欄は，①と同様に，最初の積立年度の前事業年度の欄に，積立累計額を一括して記載する。

（出典：内閣府「定期提出書類の手引き　公益法人編」）

(6) 別表C (5)

最後に特定費用準備資金である別表C (5) である。

収支相償規定等で利用される特定費用準備資金については，ここでその具体的な内容を明らかにするようになっている。内容的には従来から認められてきた○○周年事業資金等の積立てだけでなく，46頁にあるようにその対象範囲が徐々に拡大してきており，より一層使い勝手が良くなってきている。

積立てに際しては，資産取得資金の積立てと同様に，収益事業等会計の利益の50％超を繰入れている場合には毎期一定額の積立てが必要であるが，50％を繰入れている場合はそのような規則性を持たせる必要はない。

なお，特定費用準備資金がない場合は，この表の作成は不要である。

別表C (5) 特定費用準備資金

i

特定費用準備資金がない場合には，この別表は作成不要です。

別表C (2) 中「4. 特定費用準備資金」について，説明していただくものです。

【記載上の注意】

・この様式は，特定費用準備資金ごとに作成してください。

ⓐ NO.
別表C (5) ごとに通し番号 (別表C (2)「4. 特定費用準備資金」の番号と一致した番号) を記載してください。

ⓑ 事業番号
別紙3の「1. 事業の一覧」の該当する事業番号を記載してください。

NO. ⓐ

記載要領 : 下表の水色欄(　部分)を記載してください。

別表C(5) 特定費用準備資金

事業年度	自　年　月　日	法人コード	
	至　年　月　日	法人名	

別表C(2) 控除対象財産 における4. 特定費用準備資金の明細となるほか、別表A(1)及びA(2) 収支相償の計算 における公益目的事業に係る特定費用準備資金に関する調整、別表B(5) 公益目的事業比率算定に係る計算表 における特定費用準備資金当期積立額及び取崩額、別表C(1) 遊休財産額の保有制限の判定 における特定費用準備資金の公益実施費用額への算入額及び特定費用準備資金の公益実施費用額からの控除額の算出に用います。

事業番号	ⓑ	特定費用準備資金の名称(貸借対照表科目名)	ⓒ
将来の特定の活動の名称	ⓓ		
当該活動の内容	ⓔ		
計画期間(事業年度)	ⓕ 平成　年度　～　平成　年度　(　年間　)		
当該活動の実施予定時期	ⓖ		
積立限度額の算定方法	ⓗ		
当該事業年度の目的外取崩し(当該事業年度に取崩しを行った場合のみ)	ⓘ あり □　なし □		

ⓙ 1. 控除対象財産における特定費用準備資金並びに公益目的事業比率における当期積立額及び取崩額の計算

【計画全体】(経過年度は実績値を記載)

年度	利益の繰入割合※1 50%	利益の繰入割合※1 50%超	積立額	取崩額	特定費用準備資金の額(累計)	積立限度額
			円	円	円	円
			円	円	円	円
			円	円	円	円
			円	円	円	円
			円	円	円	ⓚ 円
			円	円	円	円
			円	円	円	円
			円	円	円	円
			円	円	円	円
			円	円	円	円

※1 当該年度の収益事業等の利益の繰入割合について、該当欄に「○」を記載してください。(将来の年度は、記載不要です。)

【当年度】(計画全体のうち、当年度分の数字を転記)

年度	積立額	取崩額	特定費用準備資金の額(累計)	積立限度額
	円	円	円	円

算出した数値を、各事業別に、それぞれ、別表B(5)Ⅴ(特定費用準備資金当期積立額)及び別表B(5)Ⅵ(特定費用準備資金当期取崩額)に転記してください。
また、当該特定費用準備資金が、公益目的事業に要する資金である場合、算出した数値を、それぞれ、別表C(1)の特定費用準備資金の公益実施費用額への算入額(19欄)及び特定費用準備資金の公益実施費用額からの控除額(23欄)に算入してください。

ⓛ 2. 公益目的事業全体の収支相償における特定費用準備資金の当期積立額及び取崩額の計算
【当該特定費用準備資金が、公益目的事業に係る資金である場合のみ、記載してください。】

【計画全体】(当年度までの数値を記載(将来の数値は記載不要))

年度	収支相償上の積立限度額	収支相償上の積立額※2	収支相償上の取崩限度額	収支相償上の取崩額※2	収支相償上の特定費用準備資金の額(累計)
	円	円	円	円	円
	円	円	円	円	円
	円	円	円	円	円
	円	円	円	円	円
	ⓜ 円	ⓝ 円	ⓞ 円	ⓟ 円	円
	円	円	円	円	円
	円	円	円	円	円
	円	円	円	円	円
	円	円	円	円	円
	円	円	円	円	円

【当年度】(計画全体のうち、当年度分の数字を転記)

※2 収支相償上の積立額及び取崩額は、それぞれの限度額の範囲内で記載してください。

年度	収支相償上の積立限度額	収支相償上の積立額	収支相償上の取崩限度額	収支相償上の取崩額	収支相償上の特定費用準備資金の額(累計)
	円	円	円	円	円

収益事業等の利益の50%を公益目的事業財産に繰入れる場合には、算出した数値を、それぞれ、別表A(1)(収益事業等の利益額の50%を繰入れる場合)の公益目的事業に係る特定費用準備資金に関する調整(10欄)に算入してください。
収益事業等の利益の50%超を公益目的事業財産に繰入れる場合には、算出した数値を、それぞれ、別表A(2)(収益事業等の利益額を50%を超えて繰入れる場合)の公益目的事業に係る特定費用準備資金に関する調整(11欄)に算入してください。

ⓒ　特定費用準備資金の名称
貸借対照表又は財産目録と一致した記載にしてください。例えば，○○事業拡大資金，○○事業開催資金など具体的な用途がわかる名称を使用してください。 なお，一括りとした事業の中で複数の特定費用準備資金を設定する場合には，それぞれの資金が判別できる名称を使用してください。

ⓓ　将来の特定の活動の名称
当該特定費用準備資金により実施する活動の名称を記載してください。ただし，活動の名称が未定の場合，仮称でも構いません。

ⓔ　当該活動の内容
当該資金を使用する活動の内容について記載してください。

ⓕ　計画期間（事業年度）
最初の積立てから最後の取崩しまでの計画期間を記載してください。将来の特定の活動のために移行時までに積み立ててあった積立金を特定費用準備資金に替えた場合であっても，当該積立金を取崩し，新規に特定費用準備資金を積立てることとなるため，過去の積立期間は含めないでください。

ⓖ　当該活動の実施予定時期
特定費用準備資金の対象となる活動の実施予定時期を記載してください。 なお，時期を詳細に記載する必要はありませんが，当該活動を予定する年度は必ず記載してください。

ⓗ　積立限度額の算定方法
事業の実施に必要な額をどのように算定したのか，算定根拠を示して説明してください。

ⓘ　当該事業年度の目的外取崩し

当該事業年度に，当該特定費用準備資金の目的以外に使用するために取崩しを行った場合は，「あり」にチェックしてください。

ⓙ　1．控除対象財産における特定費用準備資金並びに公益目的事業比率における当期積立額及び取崩し額の計算

特定費用準備資金の計画全体について，記載してください。
必要に応じて，行の追加，削除を行ってください。

ⓚ　積立限度額

資金を取崩した年度の翌年度の積立限度額は，当該取崩した年度の積立限度額から当該取崩し額を減算した額を記載してください。

ⓛ　2．公益目的事業全体の収支相償における特定費用準備資金の当期積立額及び取崩し額の計算

当該特定費用準備資金が，公益目的事業に係る資金である場合のみ，記載してください。
積立初年度から，当該事業年度までの実績値を記載してください（将来の数値は記載不要です。）。

ⓜ　収支相償上の積立限度額

過去の事業年度分については，前年度の事業報告に記載した数値を転記してください。
当該事業年度分については，次のとおりとなります。
①　収益事業等の利益の50％を繰入れる場合
　積立額がそのまま積立限度額となります。
②　収益事業等の利益の50％超を繰入れる場合
　「(各資金の積立限度額－前期末の当該資金の残高)/目的支出予定時までの残存年数」として計算される額が積立限度額となります。

ⓝ　収支相償上の積立額

過去の事業年度分については，前年度の事業報告に記載した数値を転記してください。
当該事業年度分については，当該事業年度に積立てた額を記載してください。ただし，積立額が，上記ⓜで計算される限度額を上回る場合は，当該限度額を記載してください。

ⓞ　収支相償上の取崩限度額

過去の事業年度分については，前年度の事業報告に記載した数値を転記してください。
当該事業年度分については，取崩しが発生しない場合は，0 を記載してください。取崩しが発生する場合は，「収支相償上の特定費用準備資金の額(累計)」の前事業年度欄の額に，当該事業年度における「収支相償上の積立額」（ⓝ）を加えた額を記載してください。

ⓟ　収支相償上の取崩額

過去の事業年度分については，前年度の事業報告に記載した数値を転記してください。
当該事業年度分については，当該事業年度に取崩した額を記載してください。ただし，取崩額が，上記ⓞで計算される限度額を上回る場合は，当該限度額を記載してください。

⚠

特定費用準備資金を積立てる際は，目的外取崩しについての特別の手続の定め並びに積立限度額及びその算定の根拠について，認定法 §21 の規定の例により備置及び閲覧の措置を講じる必要があります（認定法施行規則 §18 Ⅲ⑤）。

（出典：内閣府「定期提出書類の手引き　公益法人編」）

4　定期提出書類別表Ｄの注意点

認定法５条15項に規定する他の団体の意思決定に関与することができる財産保有の状況を明らかにする表である。

なお，そのような財産がない場合は，この表の作成自体が不要である。

◆別表Ｄ　他の団体の意思決定に関与可能な財産

認定法では，公益認定の基準の１つとして，「他の団体の意思決定に関与することができる株式その他の内閣府令で定める財産を保有していないものであること。ただし，……（以下略）」（認定法 §５⑮）とされており，他の団体の意思決定に関与することができる財産保有の有無について，説明していただくものです。

他の団体の意思決定に関与可能な財産は，以下のとおりです（認定法施行規則 §４)。

①株式

②特別の法律により設立された法人の発行する出資に基づく権利

③合名会社，合資会社，合同会社その他の社団法人の社員権（公益社団法人に係るものを除く。)

④民法（明治29年法律第89号）第667条第１項に規定する組合契約，投資事業有限責任組合契約に関する法律（平成10年法律第90号）第３条第１項に規定する投資事業有限責任組合契約又は有限責任事業組合契約に関する法律（平成17年法律第40号）第３条第１項に規定する有限責任事業組合契約に基づく権利（当該公益法人が単独で又はその持分以上の業務を執行する組合員であるものを除く。)

⑤信託契約に基づく委託者又は受益者としての権利（当該公益法人が単独の又はその事務の相当の部分を処理する受託者であるものを除く。)

⑥外国の法令に基づく財産であって，前各号に掲げる財産に類するもの
これらの財産について，当該事業年度の末日時点における保有状況を記載してください。

別表D

事業年度	自		年		月		日	法人コード	
	至		年		月		日	法人名	

他の団体の意思決定に関与することができる財産保有の有無

他の団体の意思決定に関与することができる株式その他の認定法施行規則第４条で定める財産について、保有の有無、保有している場合には、その内容を記載してください。

保有の有無	□	保有していない	□	保有している

他の団体の意思決定に関与することができる財産の内容		当該他の団体の主な業務の内容	議決権の割合（注）	
他の団体の名称	財産の名称			
				%
				%
				%
				%
				%
				%
				%
				%
				%
				%

注　正確な数字を把握していない場合には、概数を記載してください。

（出典：内閣府「定期提出書類の手引き　公益法人編」）

5 定期提出書類別表Ｅの注意点

経理的基礎を説明することで，情報開示の適正性を担保する表である。

◆別表Ｅ　経理的基礎について

認定法では，公益認定の基準の１つとして，「公益目的事業を行うのに必要な経理的基礎（及び技術的能力）を有するものであること。」（認定法§５②）とされており，その経理的基礎の状況について，説明していただくものです。

ⓐ　(1) 又は (2) 以外の場合

「(2)　(1) 以外の場合であって，費用及び損失の額又は収益の額が１億円未満の場合」と異なり，経理事務の精通者については，経験年数等の基準はありませんが，この欄の記載内容で判断することになります。
公益認定を受けた際の記載と変わりがない場合は，これと同様の内容を記載することも可能です。

別表E

事業年度	自		年		月		日	法人コード	
	至		年		月		日	法人名	

情報開示の適正性

情報開示の適正性	法人の体制に応じて、次の(1)から(3)までのいずれかを選択して記載してください。		
	(1) 公認会計士又は税理士である者が監事を務めている場合	当該監事の氏名	
		公認会計士・税理士の別	
	(2) (1)以外の場合であって、費用及び損失の額又は収益の額が１億円未満の場合	営利又は非営利法人の経理事務に従事等した経験を有する監事の氏名	
		当該監事の経理事務経験について右欄に記載してください。	
	(3) (1)又は(2)以外の場合	公認会計士、税理士又はその他の経理事務の精通者による関与について説明してください。	ⓐ

会計監査人による外部監査を受けている法人は、本書類の記載は不要です。

（出典：内閣府「定期提出書類の手引き　公益法人編」）

6　定期提出書類別表Ｆの注意点

各事業の関連する費用額の配賦計算表である。別表Ｆ（1）は役員報酬・給料手当，つまり人件費について，別表Ｆ（2）は役員報酬・給料手当以外，つまり人件費以外の物件費等についての表になっている。

ここでも上段に入力することで，中段と下段が自動計算されるようになっている。

なお，別表Ｆ（2）について，共通費用がない場合はこの表の作成は不要である。

公益認定等委員会等の審査においてはこの別表Ｆ（2）と別表Ｃとの整合性がチェックされるため，矛盾がないか確認しなければならない。

（1）別表Ｆ（1）

◆別表Ｆ　各事業に関連する費用額の配賦について

別表Ｆ（1）　各事業に関連する費用額の配賦計算表（役員報酬・給料手当）

この様式は，「役員報酬・給料手当」について各事業に関連する経費の配賦を記載するものです。
損益計算書作成に当たって，役員報酬や給料手当を各事業や法人会計に配賦する基準及びその計算を記載してください。
役員報酬については，常勤，非常勤を問わず，すべて記載してください（ただし，無報酬の役員については，個別に氏名を記載せず，「役員名」欄に，無報酬である旨をまとめて記載（例：「その他の理事，監事，評議員は全て無報酬」）していただくことも可能です。）。

記載要領　：　下表の水色欄（■部分）を記載してください。また、必要に応じて、行を追加・削除してください。

【別表F（1）各事業に関連する費用額の配賦計算表（役員等の報酬・給料手当）】

（役員等の報酬及び給料手当について、配賦基準を明記の上、記載してください。）

事業年度	自	年	月	日	法人コード	
	至	年	月	日	法人名	

○役員等の報酬

（上段：配賦の根拠数値、中段：配賦割合、下段：配賦額）（単位：円）

番号	ⓐ 役職	役員等の氏名	報酬の額	ⓑ 配賦基準	公益目的事業会計							収益事業等会計						法人会計
					公1	公2	公3	公4	公5	共通	小計 ⓒ	収1	収2	他1	他2	共通	小計	
1																		
2																		
3																		
4																		
5																		
6																		
7																		
8																		
9																		
10																		
	ページ 合 計																	

ⓐ　役職（役員等の報酬）
理事，監事，評議員のいずれかを記載してください。 また，常勤，非常勤を括弧で記載してください。 使用人と兼務している場合は，括弧でその旨記載してください（その場合，額は役員報酬部分だけを記載してください。）。

ⓑ　配賦基準
各事業や法人会計に配賦する基準（例えば，従事日数など）を記載してください。

ⓒ　公益目的事業会計，収益事業等会計
上段に別紙３の「1．事業の一覧」の該当する事業番号を記載し，下段に適宜，事業の略称を記載してください。

ⓓ　役職（使用人を兼務する理事の給料手当）
使用人としての地位を記載してください。

記載要領 ： 下表の水色欄（■部分）を記載してください。また、必要に応じて、行を追加・削除してください。

事業年度	自　　年　月　日	法人コード	
	至　　年　月　日	法人名	

○役員等の報酬

（上段：配賦の根拠数値、中段：配賦割合、下段：配賦額）（単位：円）

番号	役職	役員等の氏名	報酬の額	配賦基準	公益目的事業会計							収益事業等会計						法人会計
					公1	公2	公3	公4	公5	共通	小計	収1	収2	他1	他2	共通	小計	
11	ⓓ																	
12																		
13																		
14																		
15																		
16																		
17																		
18																		
19																		
20																		
	ページ 合 計																	
	役員等の報酬 計																	

(2) 別表F(2)

別表F(2) 各事業に関連する費用額の配賦計算表(役員報酬・給料手当以外)

各事業に関連する経費がない場合には,この別表は作成不要です。

この様式は,「役員報酬・給料手当以外の経費」について各事業に関連する共通経費の配賦を記載するものです。
損益計算書作成に当たって,複数の事業に共通して発生する費用を各事業や法人会計に配賦する基準及びその計算を記載してください。
各事業に関連しない経費(特定の一つの事業にしか発生しない経費)については,記載は不要です。

ⓐ 配賦基準

各事業や法人会計に配賦する基準を記載してください(例えば,建物減価償却費であれば建物面積比,備品減価償却費であれば使用割合,福利厚生費であれば職員数比など。)。

ⓑ 公益目的事業会計,収益事業等会計

上段に別紙3の「1.事業の一覧」の該当する事業番号を記載し,下段に適宜,事業の略称を記載してください。

配賦の根拠となった資料については,検査・質問させていただく可能性が高いことから,10年間(法令により保存年限が定められている場合は,その保存年限)は保存していただくようお願いします。

記載要領　：　下表の水色欄（　部分）を記載してください。また、必要に応じて、行を追加・削除してください。

【別表F（2）各事業に関連する費用額の配賦計算表（役員等の報酬・給料手当以外の経費）】

（各費用額に共通して発生する関連費用等について、配賦基準を明記の上、記載してください。）

事業年度	自	年	月	日	法人コード	
	至	年	月	日	法人名	

（上段：配賦の根拠数値、中段：配賦割合、下段：配賦額）（単位：円）

番号	科目名	各事業に関連する費用		ⓐ 配賦基準	公益目的事業会計							収益事業等会計						法人会計
		費用の名称	費用の額		公1	公2	公3	公4	公5	共通	小計 ⓑ	収1	収2	他1	他2	共通	小計	
1																		
2																		
3																		
4																		
5																		
6																		
7																		
8																		
9																		
10																		
	ページ 合 計																	

（出典：内閣府「定期提出書類の手引き　公益法人編」）

7　別表Ｇの注意点

別表Ｆの費用の配賦を含めた事業別・損益ベースの正味財産増減計算書内訳表がこの表である。

したがって，その事業に直接発生した費用だけでなく，配賦された費用である別表Ｆの数値がここに含まれていなければならない。

なお，この表は収支予算書として公益認定申請時において作成されるが，内容としては正味財産増減計算書内訳表であるため，公益認定後は決算時の財務諸表として提出するので，公益認定後における定期提出書類の別表には含まれていない。

公益認定申請書類　【別表 G】収支予算の事業別区分経理の内訳表

記載要領 ： 下表の水色欄（※部分）を記載してください。また、必要に応じて、行を追加・削除してください。

法人コード	
法人名	

【別表G】収支予算の事業別区分経理の内訳表

平成　年　月　日から平成　年　月　日まで

（単位：円）

科目	公益目的事業会計								収益事業等会計						法人会計	内部取引控除	合計
	公1	公2	公3	公4	公5	公6	共通	小計	収1	収2	収3	他1	共通	小計			
I　一般正味財産増減の部																	
1．経常増減の部																	
（1）経常収益																	
基本財産運用益																	
中科目別記載																	
特定資産運用益																	
中科目別記載																	
受取入会金																	
中科目別記載																	
受取会費																	
中科目別記載																	
事業収益																	
中科目別記載																	
受取補助金等																	
中科目別記載																	
受取負担金																	
中科目別記載																	
受取寄付金																	
中科目別記載																	
雑収益																	
中科目別記載																	
経常収益計																	
（2）経常費用																	
事業費																	
給料手当																	
臨時雇賃金																	
退職給付費用																	
福利厚生費																	
旅費交通費																	
通信運搬費																	
減価償却費																	
消耗什器備品費																	
消耗品費																	
修繕費																	
印刷製本費																	
燃料費																	
光熱水料費																	
賃借料																	
保険料																	
諸謝金																	

租税公課																	
支払負担金																	
支払助成金																	
支払寄付金																	
委託費																	
有価証券運用損																	
雑費																	
管理費																	
役員報酬																	
給料手当																	
退職給付費用																	
福利厚生費																	
会議費																	
旅費交通費																	
通信運搬費																	
減価償却費																	
消耗什器備品費																	
消耗品費																	
修繕費																	
印刷製本費																	
燃料費																	
光熱水料費																	
賃借料																	
保険料																	
諸謝金																	
租税公課																	
支払負担金																	
支払寄付金																	
支払利息																	
有価証券運用損																	
雑費																	
経常費用計																	
評価損益等調整前当期経常増減額																	
基本財産評価損益等																	
特定資産評価損益等																	
投資有価証券評価損益等																	
評価損益等計																	
当期経常増減額																	
2. 経常外増減の部																	
(1)経常外収益																	
中科目別記載																	
経常外収益計																	
(2)経常外費用																	
中科目別記載								0									
経常外費用計																	
当期経常外増減額																	
他会計振替額																	
当期一般正味財産増減額																	

8　定期提出書類別表Ｈの注意点

これは公益認定が取り消された場合に他の団体に寄附することになる公益目的取得財産残額を計算する表である（認定法施行規則48条1項)。

別表の中でも特に計算が難しいため，その計算に細心の注意が必要となる。

この表も先に別表Ｈ（2）を作成し，その結果を別表Ｈ（1）に反映させることになる。

この公益目的取得財産残額は，公益目的事業財産の未使用残高であり，次のＡとＢの合計額として計算される（認定法施行規則48条2項)。

Ａ　公益目的増減差額（流動資産)
Ｂ　公益目的保有財産（固定資産　認定法施行規則26条三号)

Ａは差額となっているが，当期分だけではなく，過年度分を含めた当期末までの累計額であることに注意して頂きたい。

なお，このＡ（公益目的増減差額）は，以下の計算式で計算する（認定法施行規則48条3項二号)。

Ａ（公益目的増減差額)＝前事業年度末の公益目的増減差額＋当該事業年度に増加した公益目的事業財産－当該事業年度の公益目的事業費（認定法施行規則48条3項)

したがって，前事業年度末の公益目的増減差額との整合性・連動性が重要になる。

ここで当該事業年度に増加した公益目的事業財産は認定法施行規則48条3項第一号のイ～ルまでの11のものが規定されており，FAQでは134頁で示したⅤ-4-②においてその内容が解説されている。

一方，当該事業年度の公益目的事業費は認定法施行規則48条3項2号のイ～ホの5つのものが規定されているので，条文をご確認頂きたい。

(1) 別表Ｈ（1）

別表Ｈ（1）公益目的取得財産残額（別表Ｈ（1）の24欄）は，公益目的増減差額（別表Ｈ（1）の1欄であり，流動資産を内容とする）と公益目的保有財産（別表Ｈ（1）の21欄であり，固定資産を内容とする）の合計であり，令和4年3月30日に追加されたFAQ Ⅵ-6-①では，これについて以下のように解説している。

問Ⅵ-6-①（別表Ｈ）

別表Ｈとはどのようなものですか。

答　1　公益法人は，毎事業年度の経過後3カ月以内に財産目録等を行政庁に提出しなければなりません（認定法第22条第1項）が，その様式第5号による提出書（認定規則第38条第1項第2号）の別紙4中の書類の一つとして，別表Ｈがあります（定期提出書類の手引き公益法人編）。

公益法人は，当該事業年度の末日において公益認定が取り消された場合における公益目的取得財産残額に準ずる額を算定する必要があります（同規則第48条第1項）が，別表Ｈはその算定を行うためのものです。別表Ｈにおいて，公益目的取得財産残額（別表Ｈ（1）の24欄）は，公益目的増減差額（同1欄）と公益目的保有財産（同21欄）の合計額として表示されます。

2　公益目的取得財産残額（公益認定の取消し等の場合に認定取消法人等が贈与すべき財産に係る額。認定法第30条第1項参照）は，当該公益法人が取得したすべての公益目的事業財産から公益目的事業のために費消・譲渡した財産を除くことを基本に算定されます（同条第2項参照）。

ただし，実際に公益認定の取消し等が行われた時点で，当該法人の公益目的事業財産の取得や費消・譲渡の状況を過去に遡って正確に算定することは，実務上，非常に困難であると考えられます。

このため認定規則では，毎事業年度，当該事業年度の末日における公益目的取得財産残額を算定し（同規則第48条第1項），公益認定の取消し等が行われた場合には，直近の事業年度末日における公益目的取得財産残額を基に一定の調整を行うことにより，実際に贈与すべき財産に係る公益目的取得財産残額を確定することとしています（同規則第49条・第50条参照）。

＜参考：イメージ図＞

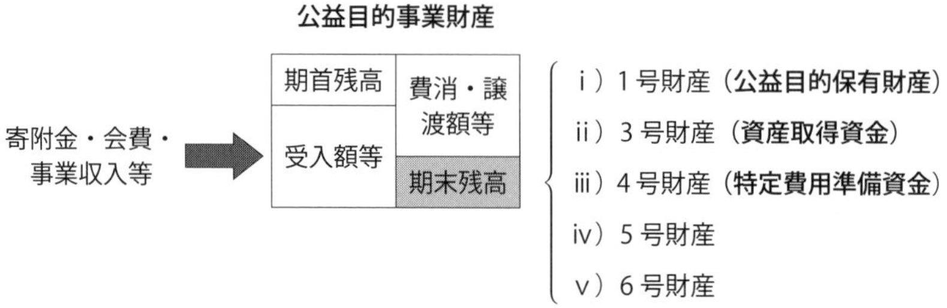

※イメージ図の○号財産は，認定規則第22条第3項各号の控除対象財産を意味します。

また，令和4年3月30日に追加されたFAQ Ⅵ-6-③では，かねてから議論のあった公益目的増減差額に関して，これがマイナスにはなることはないとしている。

これは収支相償規定を遵守すれば，いずれ公益目的増減差額はマイナスになることが予想されるためである。

この問題を解決するため，以下のように他会計振替等により公益目的事業会計の財産を増加させるか，別表H（1）の13欄において公益目的事業財産の増加を記載することを求めている。

問Ⅵ-6-③　（別表H）

公益目的事業財産の繰越しがなく，毎期，公益目的事業の収入で公益目的事業を実施する法人において，正味財産増減計算書内訳表の公益目的事業会計の区分が赤字の場合，公益目的増減差額（別表Ｈ（1）の１欄）はマイナスとなるのではないでしょうか。

答　１　別表Ｈにおいて，公益目的取得財産残額（別表Ｈ（1）の24欄）は，公益目的増減差額（同１欄）と公益目的保有財産（同21欄）の合計額として表示されます。

公益目的事業財産の繰越しがなく，かつ，正味財産増減計算書内訳表の公益目的事業会計がいわゆる赤字であっても，公益目的事業費を計上している法人においては，実態として法人の意思決定により公益目的事業財産以外の財産（例えば，法人会計の財産）をもって公益目的事業に係る経費等に費消していることが考えられます。

２　まず，どのような財産をもって公益目的事業を行っているのかという点について，法人の意思決定により公益目的事業財産以外の財産を公益目的事業に使用・処分した場合，当該財産も公益目的事業財産となります（認定規則第26条第８号参照）。

その結果，正味財産増減計算書内訳表に他会計振替等による公益目的事業会計の財産の増加が見られない場合には，別表Ｈ（1）では財産増加側の追加記載が必要となります（認定規則第48条第３項第１号ル）。

すなわち，別表Ｈ（1）の15欄において単に公益目的事業費を記載するだけでなく，公益目的事業財産以外の財産をもって公益目的事業に係る経費等を使用・処分した場合の当該相当額については，公益目的事業財産の増加として13欄に記載することとなります。

この結果，公益目的事業財産の繰越しがなく公益目的事業の収入が不足しても実態として法人の意思決定により公益目的事業財産以外の財産で公益目的事業を行っている場合には，公益目的増減差額（別表Ｈ（1）の１欄）はマイナスとはなりません。

３　上記のように，別表Ｈ（1）の13欄に，公益目的事業財産の増加として相当額を算入することなく，公益目的増減差額がマイナスとなっている状態を継続している法人においては，適正な残高（公益目的増減差額）とするため，過年度の未算入分も含めた修正を行う必要があります。

さらに追加されたFAQ Ⅵ-6-④では収支相償規定についての別表Aと別表Hは，その目的の相違から特に連動していなくてよいと解説しており，事実上両者の内容を切り離して考えている点に注意されたい。

問Ⅵ-6-④　（別表 H）

収支相償（別表 A）上の「収入―費用」が零以下の場合，特段問題としないにもかかわらず，公益目的増減差額（別表 H（1）の 1 欄）がマイナスの場合に追加的な整理が必要となるのはなぜですか。

答　1　別表 A と別表 H は，その目的と計算の対象が異なります。別表 A による収支相償の計算においては，公益目的事業における経常的な収入と費用とを比較して，収入が費用を上回っていないかについて確認しています。一方，公益目的増減差額（別表 H（1）の 1 欄）は公益目的保有財産を除く公益目的事業財産の収支等の差額としての残高を示しています。

例えば，特定費用準備資金の当該事業年度の積立てについてみると，別表Aにおいては費用扱いの整理となりますが，別表Hにおいては公益目的事業収入等で受け入れた公益目的事業財産の残りとして公益目的増減差額を構成します。

2　したがって，正味財産増減計算書内訳表の公益目的事業会計において，例えば，利益相当 50 が生じた際，それをもって特定費用準備資金に 50 積み立てる場合，別表 A においては「収入―費用」が 0 となります。一方，別表 H においては利益相当 50 を特定費用準備資金に積み立てたとしても費消していないため，当該金額 50 は翌事業年度以降の公益目的事業財産の費消等の財源として公益目的増減差額（別表 H（1）の 1 欄）の中に残ることとなります。

3　別表Ａの「収入―費用」がマイナスの場合，公益目的事業の実際の財源としては，正味財産増減計算書内訳表の当該事業年度の公益目的事業収入以外の財源により相当額が賄われています。例えば，公益目的事業会計における経常外収益や一般正味財産期首残高，あるいは法人会計の財産等が財源として考えられますが，別表Ａにおいては，それらの財源のいずれについても，記載が求められているものではありません。

一方，別表Ｈにおいては，当該相当額について，公益目的事業財産の増加（受入）として算入する必要があります。その結果，公益目的増減差額（別表Ｈ（1）の１欄）はマイナスとはならないこととなります。

別表Ｈ（1）　当該事業年度末日における公益目的取得財産残額

ⓐ　前事業年度の末日の公益目的増減差額

特例民法法人から移行認定を受けて公益法人になった最初の事業年度の場合には，添付資料の「移行時の公益目的取得財産残額」の７欄の額を記載してください。
一般法人から公益認定を受けて公益法人になった最初の事業年度の場合には，０円となります。
移行認定後２年目以降は前事業年度の１欄の額を記載してください。

ⓑ　3欄，8欄，16欄，18欄

それぞれ別表Ｈ（2）で，列記したものの合計額を記載してください。３欄は，「1．寄附を受けた財産」のうち（2）の合計額を記載してください。

ⓒ　収益事業等から生じた利益のうち公益目的事業財産に繰り入れた額

別表Ａ（3）の10欄の合計額を転記してください。

記載要領 ： 下表の水色欄（部分）を記載してください。

別表H(1) 当該事業年度末日における公益目的取得財産残額

事業年度	自	年	月	日	法人コード	
	至	年	月	日	法人名	

公益目的取得財産残額とは、毎事業年度末における公益目的事業財産の未使用残高です。認定取消時には残高に相当する額の財産を、法で定める適格な法人のうち、定款で定める者に贈与しなければなりません。

公益目的取得財産残額は、以下の計算により算定します。

公益目的増減差額 ＋ 公益目的保有財産 ＝ 公益目的取得財産残額

このうち、公益目的増減差額とは、公益に充てられるべき資金（流動資産）であり、以下の計算により算定します。

前事業年度末日の公益目的増減差額 ＋ 当該事業年度に増加した公益目的事業財産 － 当該事業年度の公益目的事業費等 ＝ 当該事業年度末日の公益目的増減差額

1．公益目的増減差額

当該事業年度末日の公益目的増減差額（2欄+14欄−20欄）	1	円

前事業年度の末日の公益目的増減差額	2	ⓐ 円

当該事業年度に増加した公益目的事業財産			
損益計算書（公益目的事業会計）上の数値	寄附を受けた財産の額	3	ⓑ 円
	交付を受けた補助金等	4	円
	公益目的事業に係る対価収入	5	円
	収益事業等から生じた利益のうち公益目的事業財産に繰り入れた額	6	ⓒ 円
	社員が支払った経費の額【公益社団法人のみ記載】	7	ⓓ 円
	公益目的保有財産の運用益等（5欄に算入した額を除く）	8	ⓑ 円
	公益目的事業に係る引当金の取崩額	9	円
その他の数値	公益目的保有財産に係る調整額（22欄−21欄）（マイナスの場合は零）	10	円
	合併により承継した他の公益法人の公益目的取得財産残額	11	円
	認定等の日前に取得した不可欠特定財産の帳簿価額の増加額	12	ⓔ 円
	3欄～12欄の他、定款等の定めにより公益目的事業財産となった額	13	ⓕ 円
当該事業年度に増加した公益目的事業財産の合計額（3欄～13欄の合計）		14	円

当該事業年度の公益目的事業費等			
損益計算書（公益目的事業会計）上の数値	公益目的事業費の額（財産の評価損等の調整後の額）	15	ⓖ 円
	15欄の他、公益目的保有財産に生じた費用及び損失の額	16	ⓑ 円
	15欄、16欄の他、公益目的事業の実施に伴って生じた経常外費用の額	17	ⓗ 円
	15欄～17欄の他、他の公益法人の公益目的事業のために寄附した財産の価額	18	ⓑ 円
その他の数値	公益目的保有財産に係る調整額（21欄−22欄）（マイナスの場合は零）	19	円
当該事業年度の公益目的事業費等の合計額（15欄～19欄の合計）		20	円

2．公益目的保有財産

当該事業年度末日における公益目的保有財産の帳簿価額の合計額（別表C(2)A）	21	ⓘ 円

【参考数値】

前事業年度末日における公益目的保有財産の帳簿価額の合計額	22	ⓙ 円
うち認定等の日前に取得した不可欠特定財産の帳簿価額の合計額	23	円

3．公益目的取得財産残額

当該事業年度末日における公益目的取得財産残額（1欄＋21欄）	24	円

ⓓ　**社員が支払った経費の額**

別表Ｈ（2）の「2．社員が支払った経費」のうち，（2）の合計額と，（3）の「うち，公益目的事業のために使用する金額」の合計額を合算した額を記載してください。

ⓔ　**認定等の日前に取得した不可欠特定財産の帳簿価額の増加額**

認定等の日（特例民法法人が移行認定を受けて公益法人になった場合には移行の登記の日）前に取得した不可欠特定財産の改良によって当該事業年度中に当該財産の帳簿価額が増加した場合に，その増加額を記載してください。

ⓕ　**定款等の定めにより公益目的事業財産となった額**

下記の（ア）から（ウ）の合計額を記載してください（認定法 §18⑦・§25，認定法施行規則 §26⑦・⑧）。

（ア）損益計算書内訳表の公益目的事業会計に計上された収益及び他会計振替額等のうち，3欄から12欄に記載されない額。

（イ）（ア）により算定される1欄の額がマイナスの場合には，1欄を0とするために必要な相当額。

（ウ）（ア）（イ）により算定される1欄の額が，別表Ｃ（2）の公益目的の3. から6. の期末帳簿価額の合計額よりも小さい場合には，当該合計額に達するまでの額に相当する額。

記載される財産の具体例は，次のようなものがあります。

例1＜受入時は公益目的事業財産でない財産のうち，公益目的事業に費消した額＞…（イ）

法人会計等から公益目的事業会計へ他会計振替したもの（FAQ 問Ⅵ-2-⑥（区分経理）参照），及び他会計振替していなくても公益目的事業の経費等に費消した場合は，その財産の合計額。

例 2＜受入時は公益目的事業財産でない財産のうち，公益目的事業財産として繰越す額＞…（イ）（ウ）

公益目的事業財産以外の財産をもって，①，②，③（いずれも公益目的のもの）の財源とした場合について，当該財産の合計額。

① 公益目的保有財産等を取得した場合

② 資産取得資金を積み立てた場合

③ 特定費用準備資金を積み立てた場合

例 3＜公益認定時から公益目的事業財産を保有する場合の繰越す額＞…（ア）

一般社団・財団法人から公益社団・財団法人となった場合において，認定初年度の別表 C（2）の「1. 公益目的保有財産」，「3. 資産取得資金」，「4. 特定費用準備資金」，「5. 交付者の定めた使途に従い使用・保有している財産」及び「6. 交付者の定めた使途に充てるために保有している資金」（3〜6 については公益目的事業のもの）の認定を受けた日の帳簿価額の合計額（不可欠特定財産を除く。）。

損益計算書内訳表で法人会計区分を設けない場合には，管理費相当額を控除した後の金額を 3 又は 5 欄に記載してください。

ⓖ 公益目的事業費の額（財産の評価損等の調整後の額）

別表 C（1）の 17 欄＋18 欄－22 欄の金額を転記してください。
つまり，損益計算書上の公益目的事業に係る事業費の額に商品等譲渡に係る原価相当額が含まれていない場合には当該金額を加算し，財産の譲渡損・評価損・運用損の額が含まれている場合には当該金額を控除した額を記載します。

※損益計算書内訳表で法人会計区分を設けない場合，管理費は含まれません。

ⓗ　公益目的事業の実施に伴って生じた経常外費用の額

賠償金など公益目的事業の実施に伴って生じた経常外費用であって，15欄～16欄に算入されていないものがある場合に，その額を記載してください。

ⓘ　当該事業年度末日における公益目的保有財産の帳簿価額の合計額

別表C（2）の「計（A）」（期末）欄の金額を転記してください。

ⓙ　22欄，23欄

①公益法人になった最初の事業年度について

特例民法法人が移行認定を受けて公益法人になった最初の事業年度は，22欄及び23欄には，それぞれ移行登記の日における不可欠特定財産の帳簿価額の合計額を記載してください。

一般法人が公益認定を受けて公益法人になった最初の事業年度は，22欄及び23欄には，認定を受けた日における不可欠特定財産の帳簿価額の合計額を記載してください。

②翌事業年度以降

22欄は，前年度の事業報告における21欄の額を記載してください。

23欄は，前年度の事業報告における12欄の額と23欄の額の合計額を記載してください。

（2）別表H（2）

別表H（2）　当該事業年度中の公益目的増減差額の明細

ⓐ　寄付を受けた財産

①使途の定めのある場合

「○○寄附金」などの名称がある場合には，名称ごとに記載してください。

名称がない寄附金は，使途の定めの内容に応じて分類し，名称がある寄附金と区別できるような形で適宜名称（「寄附金１」といったものでも可）を記載してください。
(1) には，寄附者により，公益目的事業以外のために使用すべき旨が定められているものを記載してください。(2) には，寄附者により，公益目的事業のために使用すべき旨が定められているものを記載してください。金額の欄は，使途の定めの内容に応じて算出した額を記載してください。
なお，指定正味財産として受け入れた寄附金は受取時に「寄付を受けた財産」へ記載してください。
このため，公益法人会計基準を準拠して，指定正味財産から一般正味財産へ振り替えた時点での記載は不要となります。

②使途の定めのない場合
使途の定めのない寄附金は，全て公益目的増減差額に加算されますので，「(2)（1）以外のもの」に全額を一括して計上してください。

なお，公益目的事業しか行わない法人が，寄附金の一部を合理的な範囲で管理費に充てる場合は，管理費に割り振る寄附金は（1）に記載するとともに，「使途の定めの内容」欄にその旨明記してください。
寄附金に該当する賛助会費（会員に対し，相当の反対給付等を行うものは除く。)，５号財産及び６号財産として受け入れをした金額がある場合にはその使途に応じ（1)，(2) に記載してください。

（別表）
別表H(2)　当該事業年度中の
公益目的増減差額の明細

記載要領　：　下表の水色欄（部分）を記載してください。

事業年度	自　年　月　日	法人コード	
	至　年　月　日	法人名	

ⓐ 1．寄附を受けた財産

（1）寄附者により、公益目的事業以外のために使用すべき旨が定められているもの
【公益目的増減差額に加算されないもの】

名称	使途の定めの内容	金額
		円
		円
		円
		円
		円
合計		円

注　寄附の名称ごとに寄附者による使途の定めの内容が分かる書類（寄附規定、募集要項等）を添付してください。

ⓑ （2）（1）以外のもの
【公益目的増減差額に加算されるもの】

名称	使途の定めの内容	金額
		円
		円
		円
		円
		円
合計		円

2．社員が支払った経費【公益社団法人のみ記載】

（1）公益目的事業以外のために使用すべき旨を定めているもの
【公益目的増減差額に加算されないもの】

名称	使途の定めの内容	金額
		円
		円
		円
		円
		円
合計		円

（2）公益目的事業のために使用すべき旨を定めているもの
【公益目的増減差額に加算されるもの】

名称	使途の定めの内容	金額
		円
		円
		円
		円
		円
合計		円

（3）使途の定めがないもの

名称	金額	うち、公益目的事業のために使用する金額
	円	円
	円	円
	円	円
	円	円
	円	円
合計	円	円

ⓑ　社員が支払った経費の額

会費等のうち，法人法§27に基づいて公益社団法人が当該事業年度に社員から徴収した経費について，使途の定めの有無等に応じて分類して記載してください。

金額欄は（1），（2）は使途の定めの内容に応じて算出した額を記載してください。（3）は，使途を定めずに徴収した経費の全額を「金額」欄に記載し，そのうち公益目的事業会計の収益として計上した額を「うち，公益目的事業のために使用する金額」欄に記載してください（ただし，使途を定めずに徴収した経費のうち，50％は公益目的事業のために使用する必要があります。）。
（2）の合計額と，（3）の「うち，公益目的事業のために使用する金額」の合計額とを合算した額が公益目的増減差額に加算されます。

ⓒ 3．公益目的保有財産の運用益等
【公益目的増減差額に加算されるもの】

公益目的保有財産の名称	運用益等の内容	金額
		円
		円
		円
		円
		円
合計		円

ⓓ 4．公益目的保有財産に生じた費用及び損失（公益目的事業費（調整後）に含まれるものを除く）
【公益目的増減差額から減算されるもの】

公益目的保有財産の名称	費用及び損失が生じた理由	金額
		円
		円
		円
		円
		円
合計		円

ⓔ 5．他の公益法人の公益目的事業のために寄附した財産
【公益目的増減差額から減算されるもの】

寄附先の公益法人の名称	寄附をした財産の使途（公益目的事業の内容）	金額
		円
		円
		円
		円
		円
合計		円

ⓒ　公益目的保有財産の運用益等

公益目的保有財産から生じた利息・配当といった運用益や公益目的保有財産を譲渡した場合に生じる譲渡益等を列記してください。
その際，時価法を適用する金融資産を公益目的保有財産としている場合の時価評価益については，公益認定が取り消された場合等に一括して計算しますので毎年度の記載は不要です。
ただし，取得時の価額等の記録は保存するなどして，時価評価益を一括して適切に計算できるようにしておいてください。
なお，実際の取消しなどを待たずに，これまでの時価評価損益を直近の時点で適切に計算し，その後は，毎年度の時価評価損益を記載する方法（時価法を適用する金融資産に関する措置）をとることも可能です。その場合，別表Ｈ（1）の１欄の横のチェックボックスに「✓」を記載してください。

ⓓ　公益目的保有財産に生じた費用及び損失

認定法施行規則§23に定められている財産の陳腐化などの正当な理由により公益目的保有財産に生じた評価損，減損等のうち，別表Ｈ（1）の15欄「公益目的事業費の額」に算入されていないものを列挙してください。
また，公益目的保有財産を譲渡・廃棄する場合の譲渡損・評価損についても列記してください。
その際，時価法を適用する金融資産を公益目的保有財産としている場合の時価評価損については，公益認定が取り消された場合等に一括して計算しますので毎年度の記載は不要です。
ただし，取得時の価額等の記録は保存するなどして，時価評価損を一括して適切に計算できるようにしておいてください。
なお，実際の取消しなどを待たずに，これまでの時価評価損益を直近の時点で適切に計算し，その後は，毎年度の時価評価損益を記載する方法（時価法を適用する金融資産に関する措置）をとることも可能です。その場合，別表Ｈ（1）の１欄の横のチェックボックスに「✓」を記載してください。

ⓔ　他の公益法人の公益目的事業のために寄附した財産の価額

別表Ｈ（1）の15欄～17欄に算入されているもの以外であって，他の公益法人の公益目的事業のために寄附した財産がある場合に記載してください。

≪参考≫ 公益目的事業財産について

公益法人は，公益目的事業に関して得た財産は，公益目的事業を行うために使用，処分する必要があります（法 §18等）。

ただし，公益目的事業のみを実施する法人は，寄附を受けた財産や公益目的事業に係る活動の対価として得た財産のうち，適正な範囲内の管理費相当額については，公益目的事業財産には含まれないものと整理することができます（公益認定等ガイドラインⅠ 17.(4)，FAQ Ⅵ-1-③）。

この場合，管理費に割り振る収益は，管理業務に係る会計（法人会計）の経常収益に直接計上することとなりますが，法人会計へ直接計上した金額は，別表Ｈ（1）の「当該事業年度に増加した公益目的事業財産」には含めずに記載してください。

（出典：内閣府「定期提出書類の手引き　公益法人編」）

固定資産に計上される公益目的保有財産（認定法施行規則26条三号）は，遊休財産規制で登場したものと同じであり。公益目的事業財産と同じく134頁のFAQ V-4-②でその内容を解説している。

公益法人会計における
指定正味財産から
一般正味財産
への振り替え

Chapter 3

1　指定正味財産の部から一般正味財産の部への振り替え

平成20年会計基準では，正味財産の部を一般正味財産と指定正味財産に区分し，後者の指定正味財産は寄付者等によりその使途に制約が課されている資産に対応する正味財産として位置づけている。

これに対して一般正味財産は，指定正味財産以外の正味財産であり，その使途に制約がない（又は不明な）資産に対応する正味財産となる。

そして平成20年会計基準（注13）では，**「指定正味財産の部から一般正味財産の部への振り替えについて」**として以下のように規定している。

> 「次に掲げる金額は，指定正味財産の部から一般正味財産の部に振り替え，当期の振替額を正味財産増減計算書における指定正味財産増減の部及び一般正味財産増減の部に記載しなければならない。なお，一般正味財産増減の部において，指定正味財産からの振替額は，その性格に従って，経常収益又は経常外収益として記載するものとする」

この考え方は，貸借対照表の資産は将来の費用であり，一方の負債と正味財産は将来の収益であるとするシュマーレンバッハの動的貸借対照表論から導かれてきた考え方である。

なお，指定正味財産から一般正味財産への振り替えはあるが，逆に一般正味財産から指定正味財産への振り替えはなく，両者間の振り替えは一方通行になっている。

これは，指定正味財産は寄付者等によりその使途等が**指定された**正味財産であり，**この寄付者等の「等」にはその法人自身が含まれない**ことから，法人の理事会決議等による指定はできないためである。

それでは，事例を用いて1つずつ見ていこう。

(1) 指定正味財産に区分される寄付によって受け入れた資産について，制約が解除された場合には，当該資産の帳簿価額

事例01 贈与を受けたときにその使途が指定されていた土地1,000万円について，その指定が解除された。

この場合には，制約の解除に伴って正味財産増減計算書上で以下の処理が必要となる。

（借）	一般正味財産への振替額 ～指定正味財産増減の部～	1,000万円	（貸）	土地受贈益 ～一般正味財産増減の部～	1,000万円

なお，（貸）土地受贈益　1,000万円は一般正味財産増減の部の経常外収益の区分に記載する。

また，（借）の一般正味財産への振替額は，正味財産増減計算書における指定正味財産の減少項目として取り扱われる。

当初，贈与により土地を取得した際には，土地受贈益は指定正味財産増減の部に記載し，期末貸借対照表の正味財産の部に指定正味財産として計上されている。

すなわちこの際には，以下の仕訳がなされており，指定の解除に伴って土地受贈益を再計上（リサイクル）して収益に振り替えることになる。

（借）	土地 ～特定資産～	1,000万円	（貸）	土地受贈益 ～指定正味財産増減の部～	1,000万円

なお，土地は特定資産のままでもよいが，指定の解除に伴ってその他固定資産に振り替えることもできる。

結果的に土地受贈益が2回登場するが，当初の贈与により土地を取得した時の土地受贈益は，会計的には資本取引に当たるため収益ではなく，受贈資本として法人の受託責任（適切に管理運用する責任）を表している。

その後，指定正味財産から一般正味財産への振り替えにより，一般正味財産増減の部に土地受贈益が計上されるが（リサイクル仕訳），こちらの土地受贈益は収益である。

(2) 指定正味財産に区分される寄付によって受け入れた資産について，減価償却を行った場合には，当該減価償却費の額

事例 02 補助金を受け入れて取得した建物について，減価償却費 500 万円を計上した。なお，この補助金は受け入れ時に使途が特定されていたため，指定正味財産として受け入れ処理をしている。

（借）減価償却費	500 万円	（貸）建物	500 万円
～一般正味財産増減の部～		～特定資産～	
一般正味財産への振替額	500 万円	受取補助金等振替額	500 万円
～指定正味財産増減の部～		～一般正味財産増減の部～	

（借）の一般正味財産への振替額は，正味財産増減計算書における指定正味財産の減少項目として取り扱われる。

この仕訳の前段階において，補助金を受け入れて減価償却資産を取得した際には，受入補助金は指定正味財産増減の部に記載し，期末貸借対照表の正味財産の部に指定正味財産として計上されている。

つまりこの際には，以下の仕訳がなされている。

（借）現金預金	×××	（貸）受取補助金等	×××
		～指定正味財産増減の部～	
建物	×××	現金預金	×××
～特定資産～			

その後，減価償却費の計上に応じて受取補助金等の金額を指定正味財産から一般正味財産に振り替えることになるが，これは指定正味財産増減の部には減価償却費を計上しないためである。

ここで補助金等を受け取った時の受取補助金等は会計的には資本取引に当たり，受贈資本として受託責任（適切に管理運用する責任）を表すものであり，収益ではない。

その後，指定正味財産から一般正味財産への振り替えにより，受取補助金等振替額が計上されるが（リサイクル仕訳），こちらの受取補助金等振替額は収益である。

ここで２度目の受取補助金等振替額は減価償却費を補填するための補助金として収益計上されており，費用収益対応の原則により，費用の金額に見合った収益の額となっている。

なお，この場合の受取補助金は正味財産増減計算書の一般正味財産増減の部の経常費用である減価償却費を補填する役割を果たすため，経常収益の区分に記載する。

(3) 指定正味財産に区分される寄付によって受け入れた資産が災害等により消滅した場合には，当該資産の帳簿価額

事例 03

補助金を受け入れて取得した建物について，災害損失 500 万円を計上した。なお，この補助金は受け入れ時に指定正味財財産として受け入れ処理をしている。

(借) 災害損失 ～一般正味財産増減の部～	500 万円	(貸) 建物 ～特定資産～	500 万円
一般正味財産への振替額 ～指定正味財産増減の部～	500 万円	受取補助金等振替額 ～一般正味財産増減の部～	500 万円

この場合の受取補助金等振替額は，経常外損失の区分に記載される災害損失と対応表示させるために経常外収益の区分に記載する。

また，（借）の一般正味財産への振替額は，正味財産増減計算書における指定正味財産の減少項目として取り扱われる。

2　補助金等の会計処理について

ここでいう補助金等とは，補助金，負担金，利子補給金及びその他相当の反対給付を受けない給付金等をいう。なお，補助金等には役務の給付の対価としての委託費等は含まれない（「公益法人会計基準」の運用指針 11 補助金等の取り扱いについて）。

■　会計処理

公益法人が国又は地方公共団体等から補助金等を受け入れる場合には，原則としてその受入額を受取補助金等として正味財産増減計算書の指定正味財産増減の部に記載する。

この結果，受入補助金等は当期指定正味財産増減額に含まれて，指定正味財産期末残高を構成する。

さらに，指定正味財産期末残高は貸借対照表の指定正味財産の部に転記されるが，この際にはその内訳が中科目「○○補助金」として記載される。

正味財産増減計算書　一部抜粋

Ⅱ　指定正味財産増減の部	
①　受取補助金等	
受取○○補助金	×××
当期指定正味財産増減額	×××
指定正味財産期首残高	×××
指定正味財産期末残高	×××

貸借対照表　一部抜粋

Ⅲ　正味財産の部	
1，指定正味財産	
○○補助金	×××
指定正味財産合計	×××

事例 04

事業費に対する国庫補助金として100万円を受け入れた。なお，期末近くの入金であったため，当期中には対象となる事業は行われていない。

（借）○○事業引当預金	100万円	（貸）受取国庫補助金	100万円
～固定資産・特定資産の部～		～指定正味財産増減の部～	

指定正味財産が上記の100万円だけであるとすると，正味財産増減計算書と貸借対照表の該当箇所は以下のようになる。

正味財産増減計算書　　一部抜粋

Ⅱ　指定正味財産増減の部

①　受取補助金等

受取国庫補助金	100万円
当期指定正味財産増加額	100万円
指定正味財産期首残高	0円
指定正味財産期末残高	100万円

貸借対照表　　一部抜粋

Ⅲ　正味財産の部

1，指定正味財産

国庫補助金	100万円
指定正味財産合計	100万円

さらに補助金等の目的たる支出が行われるのに応じてその金額を正味財産増減計算書において指定正味財産から一般正味財産に振り替える。この結果，受取補助金等は当期一般正味財産増減額に含まれてその対象となる費用を補填する結果となる。

さらに，指定正味財産期末残高は貸借対照表の指定正味財産の部に転記されるが，この際にはその内訳である中科目「○○補助金」がその分減少することになる。

なお，振り替える場所は目的たる支出と同じ計算区分において対応表示することになる。

例えば経常費用である事業費に対する補助金を受け取った後，その費用の計上に合わせて受取補助金等を収益に計上する場合には，以下のように受取○○補助金等振替額を経常収益に計上する。

正味財産増減計算書　一部抜粋

Ⅰ　一般正味財産増減の部	
1，経常増減の部	
（1）経常収益	
①　受取補助金等	
受取○○補助金等振替額	×××
Ⅱ　指定正味財産増減の部	
①　受取補助金等	
②　一般正味財産への振替額	
一般正味財産への振替額	×××
当期指定正味財産増減額	×××
指定正味財産期首残高	×××
指定正味財産期末残高	×××

貸借対照表　一部抜粋

Ⅲ　正味財産の部	
1，指定正味財産	
○○補助金	×××
指定正味財産合計	×××

事例 05 翌期に入り，事例１の国庫補助金のうち，90万円を対象となる事業に充当使用した。

（借）○○事業費 ～一般正味財産増減の部～	90万円	（貸）○○事業引当預金	90万円
一般正味財産への振替額 ～指定正味財産増減の部～	90万円	受取国庫補助金等振替額 ～一般正味財産増減の部～	90万円

（貸）受取国庫補助金等振替額は経常増減の部に，経常収益として計上される。

なお，（借）の一般正味財産への振替額は，正味財産増減計算書における指定正味財産の減少項目として取り扱われる。

ただし，当該事業年度末までに目的たる支出を行うことが予定されている補助金等を受け入れた場合には，簡便法としてその受入額を受取補助金等として一般正味財産増減の部に記載することができる。

これは，補助金等を指定正味財産の部で受け入れた後，同じ事業年度に一般正味財産の部に振り替える手間を省いたものである。

正味財産増減計算書　　一部抜粋

Ⅰ　一般正味財産増減の部

1，経常増減の部

（1）経常収益

①　受取補助金等

受取国庫補助金等振替額	90万円

Ⅱ　指定正味財産増減の部

①　受取補助金等

②　一般正味財産への振替額

一般正味財産への振替額	90万円
当期指定正味財産減少額	90万円
指定正味財産期首残高	100万円
指定正味財産期末残高	10万円

貸借対照表　　一部抜粋

Ⅲ　正味財産の部

1，指定正味財産

国庫補助金	10万円
指定正味財産合計	10万円

正味財産増減計算書　一部抜粋 Ⅰ　一般正味財産増減の部 1，経常増減の部 （1）経常収益 ⑤　受取補助金等 受取〇〇補助金　×××

事例 06　事業費に対する国庫補助金として 100 万円を受け入れた。なお，当期中には対象となる事業はすべて終了する予定である。

（借）現金預金	100 万円	（貸）受取国庫補助金 ～一般正味財産増減の部～	100 万円

正味財産増減計算書　一部抜粋 Ⅰ　一般正味財産増減の部 1，経常増減の部 （1）経常収益 ①　受取補助金等 受取国庫補助金　100 万円

一方で，当該補助金等が国又は地方公共団体等の補助金等交付業務を実質的に代行する目的で当該法人に一時的に支払われたものである場合等，当該補助金等を第三者へ交付する義務を負担する場合（いわゆるエージェント型による場合）には，当該補助金等は預り補助金等として処理し，事業年度末における残高を負債の部に記載するものとする。

なお，対象となる支出が行われた場合には，預り補助金等の取崩しとして処理するため，このケースでは正味財産増減計算書は経由せず，貸借対照表上のみで処理されることになる。

貸借対照表　一部抜粋	
Ⅱ　負債の部	
1，流動負債	
預り○○補助金	×××

事例 07

国庫補助金として100万円を受け入れた。なお，当法人は国の行う補助金の交付業務を実質的に代行するものであり，当該事業は交付金の交付先において実施されることとなっている。

（借）現金預金	100万円	（貸）預り国庫補助金	100万円

貸借対照表　一部抜粋	
Ⅱ　負債の部	
1，流動負債	
預り国庫補助金	100万円

事例 08

事例7の預り国庫補助金のうち，90万円を交付先に交付した。

（借）預り国庫補助金	90万円	（貸）現金預金	90万円

貸借対照表　一部抜粋

Ⅱ　負債の部

1，流動負債

預り国庫補助金　10万円

近年の論点

Chapter 4

Section 1

コロナ禍における理事会等の機関決定とこれに関連する定款の定め

コロナ禍により多くの法人では理事会，社員総会及び評議員会がこれまでどおりに開催できなくなり，何らかの対応を迫られたのであるが，どのような方法があるのか，定款の定めを参照しながら見ていくことにする。

アフターコロナにおける在宅勤務の継続と同様に，従来とは違った形での理事会等の開催と機関決定が常態化することが予想されているため，参考にして頂きたい。

1 理事会決議の注意点

現行の制度では，理事会に代理人が出席して議決権を行使することは認められておらず，理事が理事会に出席することなく書面等によって理事会の議決権を行使することも認められていない。

また，理事会を開かずに議案の賛否について個々の理事の賛否を個別に確認する方法で，過半数の理事の賛成を得て決議するような，いわゆる持ち回り決議も認められていない。

一方で，遠方に所在する等の理由により理事会の開催場所に赴くことができない理事が理事会に参加するため，例えば電話会議やテレビ会議などのように，各理事の音声が即時に他の理事に伝わり，出席者が一堂に会するのと同等に適時・的確な意見表明がお互いにできることにより，相互に十分な議論ができる方法であれば，理事会を開く場所が物理的に同一の場所である必要はなく，このような方法による議決権の行使は，有効な議決権の行使となる。これを利用すれば，一部の理事が理事会に集まり，他の理事はZoom等によって参加するいわゆるハイブリッド型理事会による決議が可能となる。

なお，この場合の議事録には，冒頭の理事会開催の記述の中で「議長は本日の理事会は電話会議（又はテレビ会議）による参加を含む旨を述べ，出席者が一堂に会するのと同等に適時・的確な意見表明がお互いにできる状態となっていることを確認したうえで開会を宣した」の一文を入れることになる。

2 理事会決議の省略（理事会のみなし決議）

コロナ禍での対応において，最も多いのが理事会の決議の省略（理事会のみなし決議）であり，多くの法人がこれを利用して法的な問題を解決している。これを行うには定款において，以下のような規定を設けておく必要がある。

この条文は内閣府が用意したモデル定款に記載されていた条文であるため，多くの法人の定款には記載済みとなっていた。

コロナ禍は誰も想像できなかったのであるが，この規定が意外なところではからずも役に立ったわけである。

第 30 条　理事会の決議は，決議について特別の利害関係を有する理事を除く理事の過半数が出席し，その過半数をもって行う。

2　前項の規定にかかわらず，一般社団法人及び一般財団法人に関する法律第 96 条（社団法人の場合。財団法人の場合は第 197 条において準用する同法第 96 条）の要件を満たしたときは，理事会の決議があったものとみなす。

ここで「みなす」とは法律用語であり，そうでなくてもそのように取り扱うという意味である。かつこれは「推定する」とは異なり，反証を許さない。

内容としては，理事が理事会の決議の目的である事項について提案をした場合において，その提案につき理事（その事項について議決に加わることができるものに限る）の全員が書面又は電磁的記録により同意の意思表示をしたとき（監事が異議を述べたときを除く）は，その提案を可決する旨の理事

会の決議があったものとみなすものである（一般法96条）。

なお，この場合であっても議事録の作成は必要となるため，下記の見本をご参照頂きたい。

この場合には，代表理事からすべての理事へ提案書を送付し（その際に切手を貼った返信用の封筒を同封してください），各理事から代表理事へ同意書を返送してもらうことになる。そのモデルは以下のとおりである。

令和○年○月○日

（公益）一般財団（社団）法人○○○○
理事（監事）○○○○　様

公益（一般）財団（社団）法人○○○○
代表理事　○○○○

提案書

当法人では理事会の目的事項について，下記の通りご提案致しますので，理事の皆様に御同意して頂きたくお願い致します。

つきましては，下記のとおりご提案します第○回定時理事会の目的事項である下記事項についてご検討頂き，ご同意頂けます場合は別添の同意書に記名押印のうえ，来る令和○年○月○日までに当法人あてにご郵送頂きますようお願い申し上げます。

なお，すべての理事の皆様から書面をもってご同意頂けた場合は，定款第○○条の規定に基づき，最終の同意書の到着日に下記決議事項を可決する旨の第○回定時理事会の決議があったものとして取り扱わせて頂きますので，何卒よろしくお願い致します。

記

1　決議事項
第1号議案　計算書類及び事業報告並びにこれらの附属明細書の承認の件
別紙1の通り計算書類及び事業報告並びにこれらの附属明細書の承認を行うこと

令和○年○月○日

公益（一般）財団（社団）法人○○○○

代表理事　○○○○　殿

（公益）一般財団（社団）法人○○○○

理事（監事）○○○○　印

同意書

私は，定款第○○条の規定に基づき，令和○年○月○日付け提案書にて提案のありました第○回定時理事会の目的事項である下記事項について，異議なく同意致します。

記

1　決議事項

第1号議案　計算書類及び事業報告並びにこれらの附属明細書の承認の件

別紙1の通り計算書類及び事業報告並びにこれらの附属明細書の承認を行うこと

みなし理事会議事録

当法人の第○回定時理事会は，定款第○○条及び一般社団法人及び一般財団法人に関する法律第96条の規定に基づき，理事全員が提案事項について同意したので，以下の通り理事会の決議があったものとみなされた。

1　決議があったものとみなされた事項及びその提案者

第1号議案　計算書類及び事業報告並びにこれらの附属明細書の承認の件

別紙1の通り計算書類及び事業報告並びにこれらの附属明細書の承認

を行うこと
上記の議案は，代表理事○○から提案された。

2　理事会の決議があったものとみなされた日
令和○年○月○日

上記のとおり，理事会を開催しないで，理事会の決議があったものとみなされたので，その議事を明確にするために一般社団法人及び一般財団法人に関する法律第 97 条の規定に基づきに基づき，本議事録を作成する。

本議事録の作成に係る職務を行った理事の氏名
代表理事　○○○○　　　印

みなし決議に関する理事会議事録の記載事項は以下のように規定されている（一般法施行規則 18 条 4 項一号）。

(1) 理事会の決議があったものとみなされた事項の内容

(2) 決議事項を提案した者の氏名

(3) 理事会の決議があったものとみなされた日（最後の同意書の到着日）

(4) 議事録の作成に係る職務を行った理事の氏名

ここで注意しなければならないのは，理事のうち 1 人でも賛成しなかった場合や，理事の急な事故等により同意を得られなかった場合には理事会決議が成立しない点である。

このため，理事と監事に対して事前に議案を提示し，内諾を得ておく必要がある。

また，前提としては理事の数が少人数であるという前提があり，例えば理事の数が数十名であるような場合には，このやり方はあまり向いていない。

そのような場合は，一部の理事が実際に集まり，他の理事は Zoom 等を利用して理事会に参加する，いわゆるハイブリッド型理事会のほうが現実的であり，実際にこの方法を利用している例も多い。

なお，理事による職務執行の報告（一般法 91 条 2 項）についても，同様にハイブリッド型で行えば特に問題ないため，これをお勧めしたい。

3 社員総会の決議

社団法人における社員総会についても，理事会と同様に決議の省略の制度はあるにはあるが（一般法 58 条），社員の数は理事よりも多いことが予想されることから，社員総会の決議の省略のために社員全員の同意を得るのは現実的ではない。

社員総会では，理事会決議では認められていない議決権の代理行使（一般法 50 条），書面による議決権行使（一般法 51 条），電磁的方法（インターネット）による議決権行使（一般法 52 条）が認められているため，これらの方法により決議することをお勧めしたい。

4 評議員会の決議

財団法人における評議員会については理事会決議の省略（みなし決議）と同様の制度があるが，こちらはこれに関する定款の定めは必要ない（一般法 194 条）。

したがって，評議員が少人数であれば評議員全員が書面又は電磁的方法により同意の意思表示をすることで，評議員会決議があったとみなすことができる。なお，この場合は監事の異議のないことは必要としない。

逆に評議員の人数が多い場合は，理事会決議と同様に一部の評議員が実際に集まり，残りの評議員はZoom等で参加するハイブリッド型の評議員会で行うことが現実的である。

Section 2　公益法人等のガバナンス

公益法人等は株式会社と違って資本の論理が働かない世界であるため，特定の個人による支配はできないはずなのであるが，どういうわけか理事長や会長などの実質的な支配者がワンマン経営を行っていることがある。

例えばスポーツ系の法人では，現役時代の選手としての成績で法人内の序列が決まっている場合があり，体育会系特有の上下関係を引きずっていることも多い。

しかし，公益法人の事業運営は理事会等の機関決定に従うべきであり，一部の理事の専横を許さない体質が重要である。

その手段の１つとして法人の「ガバナンス・コード」を作成し，それに従った法人の事業運営を行うことが望まれる。参考となる書籍としては，公益財団法人　公益法人協会から出版されている『公益法人　ガバナンス・コードの解説』（鈴木勝治　副理事長著）をお勧めしたい。

なお，公益財団法人　公益法人協会が策定した上記のガバナンス・コードは，以下の８つの原則を基に構築されている。

原則 1	公益法人の使命と目的
原則 2	誠実性・社会への理解促進
原則 3	公益法人の機関の権限（役割）と運営
原則 4	公益法人の業務執行
原則 5	理事会の有効な運営
原則 6	情報公開・説明責任・透明性
原則 7	リスク管理・個人情報の保護
原則 8	コンプライアンス・公益通報者保護

このうち特に原則３と原則５が重要であり，理事会として本来の機能を発揮することにより一部の理事の専横を防止することが期待される。

Section **3**

公益法人等の法人税

法人税法上の法人区分と課税所得の範囲

一般社団法人及び一般財団法人に関する法律の規定による一般社団法人・一般財団法人の法人税法上の取扱いは以下のとおりです。

1　公益社団法人及び公益財団法人の認定等に関する法律（以下「公益法人認定法」といいます。）に基づく公益認定を受けた公益社団法人・公益財団法人

公益法人等として取り扱われ，法人税法施行令第５条で規定する収益事業から生じた所得が課税対象となります（法人税法２六，４①，７）。なお，公益目的事業は収益事業から除かれているため，公益目的事業から生じた所得は課税対象になりません（法人税法施行令５②一）。

2　公益法人認定法に基づく公益認定を受けていない一般社団法人・一般財団法人

①　法人税法上の非営利型法人の要件を満たすもの（以下「非営利型法人」といいます。）

公益法人等として取り扱われ，収益事業から生じた所得が課税対象となります（法人税法２六・九の二，４①，７）。

②　①以外のもの（以下「非営利型法人以外の法人」といいます。）

普通法人として取り扱われ，全ての所得が課税対象となります。

これらを図示すると次のとおりとなります。

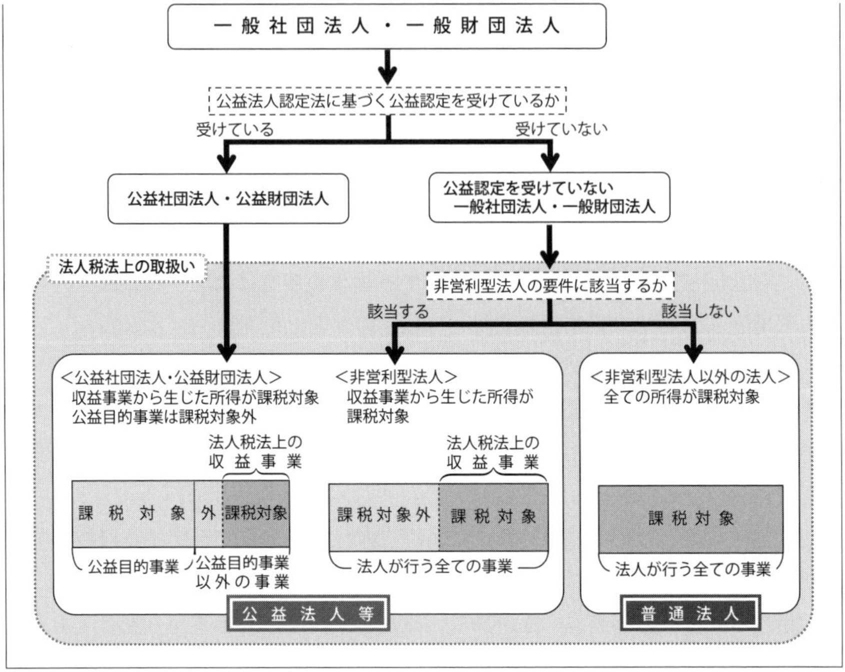

（出典：国税庁ファイル「一般社団法人・一般財団法人と法人税」（平成 26 年 3 月））

上記ファイルの 1 は公益法人，2 は一般法人である。

1 の公益法人は税法上の収益事業に課税されるが，それが法人の公益目的事業であれば課税は行われない。

結果的に公益法人では税法上の収益事業であり，かつ法人の公益目的事業以外の事業が課税の対象になるが，後述のみなし寄附金の制度により，実質的には非課税となる。

これに対して一般法人は非営利型法人とその他の法人に分かれ，非営利型法人は税法上の収益事業のみに課税され，その他の法人は普通法人として会社と同様にすべての所得について課税される。

公益認定について

公益目的事業を行うことを主たる目的とするなどの一定の基準に適合している一般社団法人・一般財団法人は，行政庁から公益認定を受けることにより，公益社団法人・公益財団法人となります（公益法人認定法２一・二，4，5)。

「公益目的事業」とは，学術，技芸，慈善その他の公益に関する公益法人認定法別表各号に掲げる種類の事業であって，不特定かつ多数の者の利益の増進に寄与するものをいいます（公益法人認定法２四)。

また，公益認定に係る申請書の提出先は，次表のとおり，法人の区分に応じた行政庁となります（公益法人認定法3，7)。申請手続に関してご不明な点やご質問等がある場合には，それぞれの行政庁へお尋ねください。

法人の区分	行政庁
①　二以上の都道府県の区域内に事務所を設置するもの	内閣総理大臣
②　公益目的事業を二以上の都道府県の区域内において行う旨を定款で定めるもの	
上記①及び②以外の法人	その事務所が所在する都道府県の知事

(参考) 行政庁の連絡先については，国・都道府県公式公益法人行政総合情報サイト「公益法人 information」(www.koeki-info.go.jp) からご確認ください。

非営利型法人の要件

公益認定を受けていない一般社団法人・一般財団法人のうち，次の①又は②に該当するもの（それぞれの要件の全てに該当する必要があります。）は，特段の手続を踏むことなく公益法人等である非営利型法人になります（法人税法２九の二，法人税法施行令3)。

なお，非営利型法人が，その要件のうち，一つでも該当しなくなったときには，特段の手続を踏むことなく普通法人となりますのでご注意ください。

類型	要件
①非営利性が徹底された法人（法人税法２九の二イ，法人税法施行令３①）	1　剰余金の分配を行わないことを定款に定めていること。
	2　解散したときは，残余財産を国・地方公共団体や一定の公益的な団体に贈与することを定款に定めていること。
	3　上記１及び２の定款の定めに違反する行為（上記１，２及び下記４の要件に該当していた期間において，特定の個人又は団体に特別の利益を与えることを含みます。）を行うことを決定し，又は行ったことがないこと。
	4　各理事について，理事とその理事の親族等である理事の合計数が，理事の総数の３分の１以下であること。
②共益的活動を目的とする法人（法人税法２九の二ロ，法人税法施行令３②）	1　会員に共通する利益を図る活動を行うことを目的としていること。
	2　定款等に会費の定めがあること。
	3　主たる事業として収益事業を行っていないこと。
	4　定款に特定の個人又は団体に剰余金の分配を行うことを定めていないこと。
	5　解散したときにその残余財産を特定の個人又は団体に帰属させることを定款に定めていないこと。
	6　上記１から５まで及び下記７の要件に該当していた期間において，特定の個人又は団体に特別の利益を与えることを決定し，又は与えたことがないこと。
	7　各理事について，理事とその理事の親族等である理事の合計数が，理事の総数の３分の１以下であること。

（出典：国税庁ファイル「一般社団法人・一般財団法人と法人税」（平成26年３月））

公益認定に際して，複数の都道府県にまたがる場合は内閣総理大臣管轄，またがらない場合は都道府県の知事管轄となる。

また非営利型法人は「非営利性が徹底された法人」と「共益的活動を目的とする法人」の２類型がある。

非営利性が徹底された法人とは，要件１　剰余金の分配を行わない旨と２

残余財産の分配を行わない旨（この２つが非営利性）を定款に定めた法人である。

一方「共益的活動を目的とする法人」とは要件１　会員に共通する利益（これが共益）を図る活動を目的としており，非営利性についは定款上，明言していない。

いずれの類型においても，一度でも特定の個人又は団体に特別の利益を与えると非営利性に違反するため，非営利型法人からは外れてその他の法人である普通法人に移行することになる。

その際には後述 **5** の留保金課税が行われることに留意しなければならない。

この「特別の利益」を与える典型例として，理事が経営する会社に利益を与える取引を行うことがあり，これが法人が普通法人となるケースとしては最も多いケースである。

なお，法人税法上の収益事業とは，以下に示された34業種である。

収益事業の範囲

公益法人等の収益事業から生じた所得は，法人税の課税対象となります。

収益事業とは次の34の事業（その性質上その事業に付随して行われる行為を含みます。）で，継続して事業場を設けて行われるものをいいます（法人税法２十三，法人税法施行令５①）。

1	物品販売業	13	写真業	24	理容業
2	不動産販売業	14	席貸業	25	美容業
3	金銭貸付業	15	旅館業	26	興行業
4	物品貸付業	16	料理店業その他の飲食店業	27	遊技所業
5	不動産貸付業			28	遊覧所業
6	製造業	17	周旋業	29	医療保健業
7	通信業	18	代理業	30	技芸教授業

8 運送業	19 仲立業	31 駐車場業
9 倉庫業	20 問屋業	32 信用保証業
10 請負業	21 鉱業	33 無体財産権の提供等を行う事業
11 印刷業	22 土石採取業	
12 出版業	23 浴場業	34 労働者派遣業

（注）法律の規定に基づいて行われる一定の事業のほか，上記に掲げる種類の事業であっても，次に掲げる事業は，その種類を問わず収益事業から除かれています（法人税法施行令５②）。

① 公益社団法人・公益財団法人が行う公益目的事業

② 身体障害者及び生活保護者等が事業に従事する者の総数の２分の１以上を占め，かつ，その事業がこれらの者の生活の保護に寄与しているもの等

（出典：国税庁ファイル「一般社団法人・一般財団法人と法人税」（平成26年３月））

1 みなし寄附金について

公益法人が収益事業を行う場合，収益事業の利益の50％以上を公益目的事業に使わなければならないルールがあるが，その際には収益事業から公益目的事業へのみなし寄附が行われる。

このみなし寄附金はみなし寄附金の損金算入限度額まで損金の額に算入されるが，実質的には青天井となっており，結果として公益法人が法人税を納税するケースはほとんどないといってよい。

1 公益社団法人・公益財団法人のみなし寄附金

公益社団法人・公益財団法人においては，その収益事業に属する資産のうちからその収益事業以外の事業で自らが行う公益目的事業のために支出した金額について，その収益事業に係る寄附金の額とみなして，寄附金の損金算入限度額に達するまでの金額を損金の額に算入することとされています。

（注）非営利型法人については，みなし寄附金の適用はありません（法人税法37④⑤，法人税法施行令77の3）。

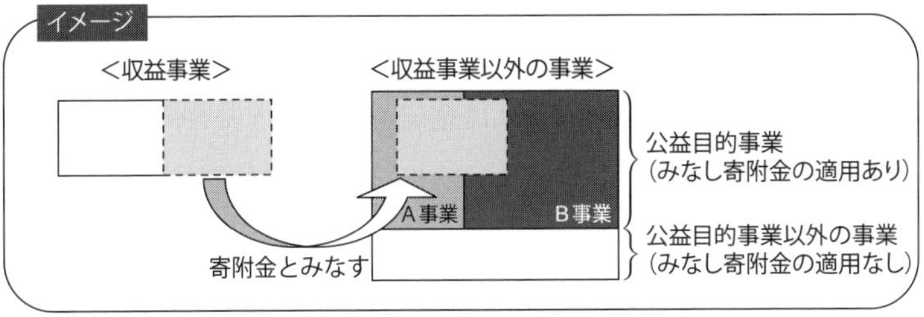

（出典：国税庁ファイル「一般社団法人・一般財団法人と法人税」（平成26年3月））

2　法人税における34業種（特掲事業）について

公益法人等は，法人税に関して昭和24年までは非課税だったのであるが，同年のシャウプ勧告により昭和25年から収益事業について課税されることとなった。

当初は29業種でスタートしたが，度重なる改正を経て現在は先ほど見たファイルにあるように34業種が法人税法上の収益事業とされている（法人税法施行令5条1項）。

なお，公益認定を受けた公益法人は法人税について実質非課税となるが，一般法人の内，非営利型一般法人（一般社団法人及び一般社団法人）では，従来通り34業種が法人税法上の収益事業に該当し，この事業の所得に対して法人税が課税される。

この34業種（特掲事業）のうち，最も範囲が広いのは請負業である。

この**法人税法上の請負**の概念は，民法上の請負（民法632条）のよりもその範囲が広く，委任（民法643条）や準委任（民法656条）を含む。

具体的には他の法人等から依頼されて仕事を行えば，原則としてすべて法

人税法上の請負業に該当する。

ただし，他の特掲事業に該当するかどうかを判断する際に，他の特掲事業に該当しない場合に，さらにこの請負業に当たるか否かといった判断は行わない（法人税基本通達 15-1-29）。

例えば，運送を委託されればそれは運送業に該当するかどうかの検討が必要であるが，運送業に該当しない場合には請負業に該当するという判断は行われない。

この請負業は，公益法人が行う事業としては最もその数が多いのだが，「実費弁償受託業務による事務処理の委託等」に該当する場合には，収益事業には該当しないものとして取り扱うという特例を設けている（法人税基本通達 15-1-28）。

3 請負業における実費弁償の受託業務について（法人税基本通達 15-1-28）

市や県など行政庁からの受託事業や他の法人からの受託業務等は，法人税法上は請負業に該当する。

ただ，行政庁等からの請負は多くの場合実費弁償的に，その事業の経費をまかなう程度の対価で行われ，剰余金が生じない仕組みになっているケースが多いと思われる。

そこで一定の要件を満たす場合には，あらかじめ所轄税務署長の確認を受けることを条件に，その事業は法人税法上の収益事業とは取り扱わないこととなっている（法人税基本通達 15-1-28）。

公益認定上の収支相償規定と似ているが，そもそも利益が出ないのが前提であれば，収益事業とはしない取扱いである。

ここでは「あらかじめ」確認を受ける必要があり，例えば４月から始まる事業年度からこの通達を適用することを予定している場合は，１月までには所轄の税務署に相談することをお勧めする。

これは減価償却方法の変更などの税務上の各種の届出手続きとは異なり，実態として実費弁償であるか否かについて，税務署側の判断が必要となるため，確認を受けるまでに時間がかかるためである。

実際に３月決算の法人で，３月に入って確認の申請をしたところ，４月１日までに確認が間に合わず，６月くらいまでは宙ぶらりん状態で，収益事業に当たるかどうか不明であったというケースもある。

この確認を受けるメリットとして，例えば非営利型一般法人の場合，法人税法上の収益事業を行う場合には，たとえ申告所得がゼロであっても法人税の申告義務があるのに対して，法人税法上の収益事業に該当しない場合には申告義務そのものがないことから，法人税法に縛られない経理処理が可能となり，この取扱いを受けることで節税だけでなく事務処理手続き上の負担減にもなる。

この実費弁償の受託業務の確認を受ける際の要件は以下の２つである。

(1) 当該業務が法令の規定，行政官庁の指導又は当該業務に関する規則，規約又は契約に基づき実費弁償により行われること

ここにいう実費弁償とは，その委託により委託者から受ける金額がその業務のために必要な費用の額を超えないということで，具体的には次のいずれかに該当する場合である。

イ，個々の契約ごとにそのつど実費精算が行われる。

ロ，翌年度中（やむをえない事情がある場合には翌々年度中）には実費精算が行われる。

ハ，手数料等の額が法令により実費弁償の範囲内で定められていて，剰余金が生じた場合には手数料等の改定に際して適正な是正措置を講ずることになっていることを主務官庁が証明する。

実務上は規則，規約といったものはまず無く，契約により実費弁償となっているケースが普通である。

また，実費弁償とはイからハまでのいずれかに該当する場合であるが，こ

れも実務上は「ロ　翌年度中（やむをえない事情がある場合には翌々年度中）には実費精算が行われる」のケースが一般的である。

したがって相手方との契約書に，「実費」あるいは「剰余金が生じた場合には返還する」等の文言があることが税務上の確認の際のポイントとなるのでご注意頂きたい。

（2）上記の事項につき，あらかじめ一定の期間（おおむね５年以内の期間）を限って税務署長又は国税局長の確認を受ける

したがって５年に一度確認申請を行うのが普通である。

ただ，実費弁償といっても通常生じると認められる少額の剰余金についてまでは，厳格な取扱いはしていない。そしてこの少額の剰余金とは，収益事業に係る総経費の１か月分相当額をめどに，５年間にわたり，この範囲の剰余金であれば，実費弁償の枠内として実務上認められる取扱いとなっている（日本公認会計士協会　東京会「公益法人会計のＱ＆Ａ」平成４年４月）。

この１か月基準に基づいて，各国税局では次に示した「公益法人等の実費弁償方式による事務処理の受託等の判定表」を用意しており，この中の「実費弁償方式の内容の判定表」では，「余剰金の額は，その業務の遂行上必要と認められる経費（税務計算上の金額）の概ね１か月程度相当額以下か」によって判定するようになっているので，あらかじめ法人側で事前にチェックすることをお勧めしたい。

なお，ここでの「余剰金」は会計的には「剰余金」であり，公益法人会計では「一般正味財産」に当たる。

実務上の手続きとしては，「確認申請書」を所轄税務署長宛に提出し，「確認通知書」を待つことになる。

【東京国税局の様式例】

公益法人等の実費弁償方式による事務処理の受託等の判定表

法 人 名		設立年月日	年　月　日
所 在 地		代表者名	
	電話番号　　―　　―	担当者名	
【確認対象の事業内容】	（法人税法施行令第５条第１項　　号該当）		
【確認対象事業年度】	自　平成　年　月　日　至　平成　年　月　日		
添付書類	□法人の概要について（規約等）	□確認対象事業に関する契約書等	
	□直近３事業年度の収支計算書	□その他参考となる資料	

実費弁償方式の内容の検討表

		検　討　事　項	判定
実費弁償の内容	A 法令の規定によりその業務受託の対価が定められている場合	1　契約の種類 ○法令の名称〔　　　　〕 ○所管する行政官庁〔　　　　〕	□ 適 ・ □ 否
		2　収受する手数料等の額 ○当該業務に必要な費用の額の範囲内で定められているか。 （手数料等の算定方法） 〔　　　　〕	□ 適 ・ □ 否
		3　余剰金が生じた場合の措置等 (1)　余剰金が少額の場合 ○余剰金の額は，その業務遂行上通常必要と認められる経費 （税務計算上の金額）概ね１か月相当額以下か。 （総経費の額）　　　　□＞（累積余剰金の額） ＿＿＿円×1/12＝＿＿＿円　□＝＿＿＿円 □＜ (2)　余剰金が多額の場合 ○次のすべての措置が講ぜられることとされているのか。 イ　手数料等の額の改訂に際して，余剰金の額を勘案して次のいずれかの方法より調整しているか。 □手数料等の減額 □その他合理的な方法	□ 適 ・ □ 否

		ロ　イの措置を講じることについて，当該法令を所管する行政官庁の証明の有無 □有・□無	
	B 契約等の規定によりその業務受託の対価が定められている場合	1　契約等の種類 □法令の規定　□行政官庁の指導 □業務に関する規則又は規約　□業務に関する契約	□適 ・ □否
		2　収受する手数料等の額 ○当該業務に必要な費用の額の範囲内で定められているか。 （手数料等の算定方法） 〔　　〕 3　余剰金が生じた場合の措置等 （1）余剰金が少額の場合 ○余剰金の額は，その業務の遂行上通常必要と認められる経費 （税務計算上の金額）概ね1か月相当額以下か。 （総経費の額）　□＞（累積余剰金の額） ＿＿＿円×1/12＝＿＿＿円　□＝＿＿＿円 □＜ （2）余剰金が多額の場合 ○次のすべての措置が講ぜられることとされているのか。 イ　その余剰金を（(1)の余剰金に相当する金額を除く。ロについても同じ。）を委託者に返還する。 ロ　その余剰金をその翌事業年度（やむを得ない事情がある場合には，翌々事業年度）終了の日までに，次のいずれかの方法により解消することとしているか。 □その後の手数料等の減額 □その後の手数料等に充当 □その他合理的な方法 〔　　〕 （注）やむを得ない事情がある場合のその事情 〔　　〕	□適 ・ □否

なお，法人の一部の事業についてのみ確認を得ることも可能であり，むしろこちらが原則である。

さらには物品販売業や物品貸付業，興行業など請負業以外も基本通達の対象となっており，幅広い適用が可能である。

筆者の経験上，現在時点で収益事業として税務申告している事業についても，この通達が適用できる可能性があるため，税務署に相談することをお勧めしたい。

これ以外にも，法人税法上は実費の範囲について，いわゆる間接費の配賦額（例えば管理部門の人件費や事務所建物の減価償却費の配賦額等）について，一定の基準により配賦した額も実費の範囲に含めることを容認している点も留意点として挙げられる。

この間接費の配賦を利用することにより，計算上の剰余金が抑制されるため，これも納税者にとって大きなメリットといえる。

ただし，法人税法上の実費とは「損金」概念であり，固定資産を購入しただけでは実費には該当せず，減価償却費として損金算入された部分だけが実費として認められる。

また，各種引当金繰入額についても，それが損金の額に算入される場合に限って実費として認められると解釈されている。

したがって，例えば退職給与引当金繰入額（退職給付費用）は，その全額が損金不算入であるため，実費の範囲に含めることはできない。

4　費用又は損失の区分経理について

公益法人等が収益事業と収益事業以外の事業を営んでいる場合における費用又は損失の区分経理は以下による（法人税基本通達 15-2-5）。

① 収益事業について直接生じた費用の額又は収益事業について直接生じた損失の額は，収益事業に係る費用又は損失の額として経理する。

② 収益事業と収益事業以外の事業とに共通する費用又は損失の額は，継続的に，資産の使用割合，従業員の従事割合，資産の帳簿価額の比，

収入金額の比その他当該資産又は損失の性質に応ずる合理的な基準により収益事業と収益事業以外の事業とに配賦し，これに基づいて経理する。

　この共通費用（いわゆる間接費）の配賦基準は，その費用又は損失の性質に応じて選択する。

①の直接費は直接賦課し，②の間接費は一定の配賦基準で配賦することになる。間接費については，例えば人件費は従業員の従事割合，建物の減価償却費は資産の使用割合である面積比などその性質により各々配賦基準を選択する。

ポイントは「継続的に」同じ配賦基準を用いるところにあり，この継続性により客観性を確保し，恣意性を排除しようとしている。

また，法人税では「収入金額の比」を認めている。したがって他に適当な配賦基準がない場合は，多額の利益を上げている事業に多額の共通費用を配賦してよいわけである（負担能力主義）。

なお，公益認定等ガイドラインにおいては，間接費の配賦基準として収入金額の比は認められていないが，FAQ V-3-②により容認されている。

5　普通法人以外の法人から普通法人への移行時における留保金課税

普通法人以外に分類される法人（公益法人又は非営利型法人）から普通法人に分類される法人へと移行した場合には，法人税法上の簿価純資産価額から課税済みの留保利益である利益積立金額を控除した額を益金の額に算入する（法人税法64条の4）。

つまり，それまでは法人税について非課税であった留保利益に対して，過去に遡及した課税が行われることになる。

ここでの注意点は「法人税法上の」簿価純資産価額が基準となっている点

である。

したがって，例えば貸借対照表の負債の部に退職給付引当金が計上されていたとしても，この引当金は法人税法上，負債としては認められていないため，結果的に法人税法上の資産から法人税法上の負債を差し引いた法人税法上の簿価純資産に含まれてしまう。

これにより益金の額に算入される留保利益の金額は，想像以上に多額になる点に特に留意しなければならない。

> **ハ　公益法人等が普通法人に移行する場合の所要の調整**
>
> 公益社団法人・公益財団法人又は非営利型法人が非営利型法人以外の法人に該当することとなった場合には，過去の収益事業以外の事業から生じた所得金額の累積額又は欠損金額の累積額を益金の額又は損金の額に算入することとなります（法人税法64の4)。

（出典：国税庁ファイル「一般社団法人・一般財団法人と法人税」(平成26年3月))

ただし，公益法人から普通法人へ移行した場合には益金の額から公益目的取得財産残額を，一般法人のうち非営利型法人から普通法人へ移行した場合には公益目的財産残額を控除するなどの調整が行われる。

ここで前者の**公益目的取得財産残額**とは，公益法人が公益認定を取り消された場合に，他の公益法人等に贈与しなければならない財産額であり（認定法30条2項)，この贈与を優先させるため，法人税の課税の対象から除いている。

また，後者の**公益目的財産残額**とは一般法人に移行した移行法人における公益目的財産額から，公益目的支出計画の初年度からその事業年度末までの支出の合計額（収入がある場合には収入合計を差し引く）を控除した金額であり（「公益社団法人及び公益財団法人の認定等に関する法律の施行に伴う法律の整備等に関する法律」(整備法119条2項二号))，これも公益目的支出計画の実施を妨げないようにするため，法人税の課税の対象から除いている。

Section 4

公益法人等の消費税

1 公益法人等の消費税等の特色

会社等の営利法人である事業者の消費税等の計算においては，基本的には売上(注)に伴う仮受消費税等から仕入(注)に伴う仮払消費税等を差し引いた額を納税するために，個別対応方式や一括比例配分方式を採用する場合を除いて消費税の負担がないのが原則である。

通常の収支計算

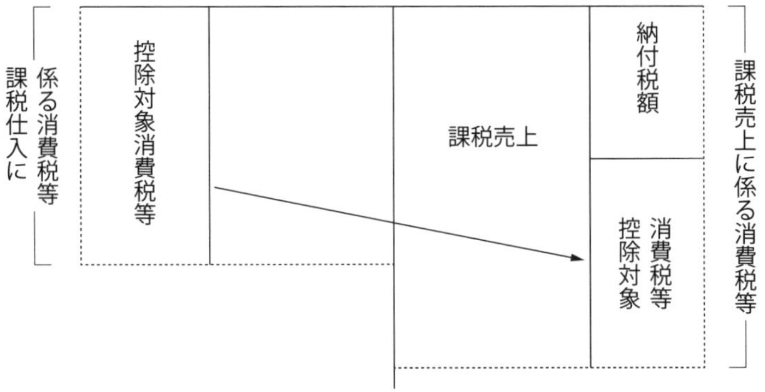

(注) 消費税では売上＝収入，仕入＝支出と同じ意味を持っている。

例えば，60万円（税抜）で仕入れた商品を，100万円（税抜）で売り上げた場合，仮払消費税等は60万円×10％＝6万円，仮受消費税等は100万円×10％＝10万円であり，10万円の仮受消費税等から6万円の仮払消費税等を差し引いて（仕入税額控除），4万円を納税することになる。

結果的に消費税等に関しては，10万円の収入と6万円プラス4万円の支出があるため，納税者の消費税等の負担はない。

これは，消費税等は間接税としての性質をもっており，納税者（事業者）と負担者（消費者）が異なるため，納税は事業者が行っていても，負担は消費者が行うことになるからである。

しかし，公益法人等の消費税等に関しては，収入に占める非課税売上や特定収入の割合が大きく，これにより消費者としての立場に立つことが多いため，公益法人等が消費税等を自ら負担をする部分が発生する。

公益法人等の収支計算

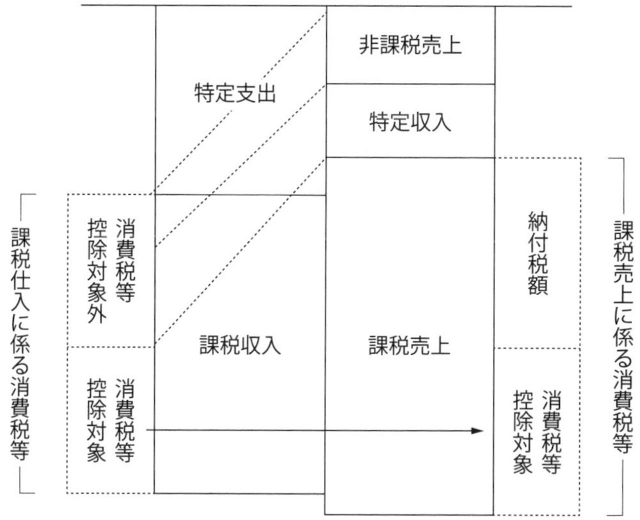

（注 1）非課税売上とは，消費税法別表第 1 に掲げられている収入であり，財団法人の保有する債券からの利息収入等の金融資産の運用による収入を含む。

（注 2）特定収入とは，消費税 60 条 4 項及び消費税法基本通達 16–2–1 に掲げられている収入であり，会費収入，入会金収入，寄付金収入及び地方公共団体からの補助金収入等を含む。

図の中で，非課税売上と特定収入から課税仕入に充当された部分（点線が右上から左下の伸びている部分）にご注目頂きたい。

この部分については，仮受消費税等はない。

図の左右にそれぞれ出ている点線の部分が仮払消費税等と仮受消費税等で

あるが，非課税売上と特定収入には，この点線部分である仮受消費税等がないことがわかる。

これは利息収入に代表される非課税売上は文字通り課税されない売上であり，会費収入に代表される特定収入は不課税（課税対象外）となる売上であるためである。

一方で仕入に関しては，課税仕入を行えば消費税等が課税される。

つまり収入には消費税等が課税されていないが，支出には消費税等が課税されている。

この状態は個人の消費者の立場と同じである。入ってくる給料は不課税（課税対象外）であるが，買い物をすれば基本的に課税仕入になるからである。

消費税は相手先への転嫁を繰り返していくのであるが（多段階累積排除方式），最後にどこにも転嫁できない者＝最終負担者として消費者が登場する。

消費税の世界では，この消費者に該当する場合には支出の際の消費税等は国から還付されることなく，消費者自身が負担することとなっている（このため消費税の名がついている）。

公益法人等も一定の場合には，消費者の立場に立つことがある以上，法人自ら負担をする部分が発生するわけである。

先程の図では，仮払消費税等のうち「控除対象外消費税等」となった部分が，法人が負担する部分に該当する。

この部分については仮払いした状態で救済がない，つまり仕入税額控除ができないことになり，結果的に法人が自ら負担することになる。

2 公益法人等の消費税等の節税対策

消費税法上，例えば市や県から補助金等を受け取った場合には，特定収入として課税対象外の取扱いとなる。

特定収入は対価性のない収入であり，特定収入を原資に課税仕入が行われた場合，その部分については仕入税額控除を調整し，法人自ら課税仕入にかかる消費税等を負担することとなっている。

これは非課税売上に対応した課税仕入について，個別対応方式や一括比例配分方式により仕入税額控除を制限するのと同じ趣旨である。

なお，この調整計算は特定収入割合（特定収入／(特定収入＋課税売上(税抜）＋非課税売上)）が５％超の場合に必要となる。

この負担に対する対策としては，補助金収入等を特定収入から特定収入以外の収入へ変更することが考えられる。

注意点としては，使途が不特定である補助金収入等は，特定収入に該当する点である。

これを「使途不特定の特定収入」という。つまり，名は体を表していないわけである。

なお，使途の特定とは，消費税法上はどの事業に充てられたかという意味での特定ではなく，課税仕入に充てられたのか，それ以外に充てられたのかという特定を意味する。

ここで人件費等の不課税・非課税の仕入，つまり課税仕入以外の仕入は特定支出と呼ばれている。

さらに，この特定支出に当てるための補助金収入等は「特定収入以外の収入」として，仕入税額控除の計算上，調整を受けないこととされている（消費税法施行令75条１項)。

この場合には収入は不課税，支出は不課税・非課税となるため，収入支出共に消費税等とは無関係となり，仕入税額控除とも無関係になるためである(次図参照)。

公益法人等の収支計算

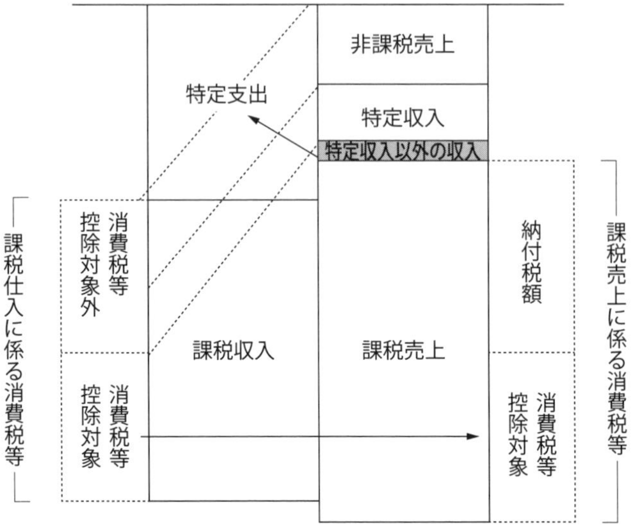

したがって，消費税等の節税のためには，課税仕入に充てられる特定収入の計上を極力減らし，特定支出に充てる収入すなわち特定収入以外の収入とすることが対策となる。

特定収入から特定支出に充てられるものはない，つまり特定同士はつながらないことが理解のポイントになる。

■収入の分類

収入
- 資産の譲渡等の対価収入（課税対象の収入）
  - 課税売上に係る収入
  - 非課税売上に係る収入
- 資産の譲渡等の対価収入以外の収入（不課税収入＝課税対象外の収入
  - 特定収入
    - **課税仕入に使途が特定**
    - **又は使途不特定**
  - 特定収入以外の収入 … **特定支出に使途が特定**

■公益法人等の消費税等

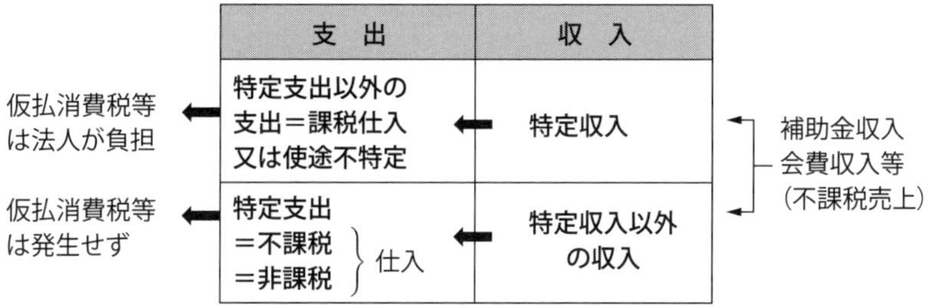

（注）図の下半分は，収入・支出共に消費税等は発生しない

なお，特定収入についての仕入税額控除の調整計算を回避するには，補助金収入等を人件費に充てるための補助金として紐付きで受け取る，つまりお金を出す側に使途を非課税・不課税支出（特定支出）に特定してもらうのが一番良い。

これにより当該収入は特定収入以外の収入となる。

この場合の特定収入以外の収入の利用に関しては解釈が統一されており，国税当局との間で争いはない。

これが理想であるのだが，実務上は支払側の予算等の関係で，補助金等を人件費に充てる旨を契約書に盛り込むことが無理な場合がある。

こういった場合でも，（ここからは解釈が分かれるところではあるのだが）補助金収入等の使途が決算書上で人件費に充てられていることが明らかなものや，合理的な方法により計算された金額については，消費税法基本通達16–2–2（国，地方公共団体の特別会計が受け入れる補助金等の使途の特定方法）を準用し，公益法人等が自ら使途を特定することで特定収入以外の収入とすることが可能である。

さらにこの方法は国税庁のホームページに掲載されているファイル「国，地方公共団体や公共・公益法人等と消費税」により，消費税法別表第３に掲げる法人だけでなく，NPO 法人や人格のない社団等まで適用可能となっている。

なお，この場合には，補助金収入等の使途を明らかにした文書を税務署長に提出することが必要となる（消費税法施行令75条1項六号ロ）。

さらにこのファイルは全体として，節税をさりげなく紹介しているばかりでなく，毎年夏頃に更新される都度，節税できる範囲が少しずつ拡大しているので，毎年の改定に合わせてダウンロードを行い，消費税の節税に役立たせることをお勧めしたい。

例えば以下のＱ＆Ａにおいて，消費税の節税方法を１つの事例で２つ紹介している。

１つ目が，通勤手当の抽出による仮払消費税等の抽出であり，これにより仕入税額控除額が増えることになる。

２つ目は残りの給与のための補助金部分を明らかにすることで，その部分については（使途不特定の）特定収入を，特定収入以外の収入にすることができる点である。

このように国税当局が節税対策を紹介しているファイルは，筆者は他に見かけたことがなく，消費税についての国税当局の度量の広さが際立っているように思う。

人件費に使途が特定されている補助金

Ｑ　当事業団では，交付要綱において人件費に充てるべきこととされている補助金を国から交付されており，当該補助金を給料及び通勤手当として職員に支払っています。この場合，当該補助金は特定支出のためにのみ使用するものでない（通勤手当の支給は課税仕入れとなります。）ことから，全額が特定収入に該当することとなると考えられますが，当該補助金における実績報告書において通勤手当として支出した金額が明らかにされている場合には，当該金額のみを特定収入とし，それ以外の金額については，特定収入に該当しないものとして取り扱ってよいでしょうか。

Ａ　通勤手当以外の金額については，特定収入に該当しないものとして取り扱って差し支えありません。

資産の譲渡等の対価以外の収入の使途が特定されているかどうかは，一般的には法令又は交付要綱等に定めたところによります。この場合の交付要綱等とは，補助金等を交付する者が作成したその補助金等の使途を定めた文書をいい，補助金等交付要綱，補助金等交付決定書のほか，これらの附属書類である補助金等の積算内訳書，実績報告書も含まれます（消費税法基本通達16-2-2，P8参照）。

したがって，実績報告書において，通勤手当として支出した金額が明らかにされている部分に係る補助金を特定収入とし，給料として支出した金額に係る補助金を特定支出のためにのみ使用することとされている収入として特定収入に該当しないものとして取り扱って差し支えありません。

（出典：国税庁ホームページ「国，地方公共団体や公共・公益法人等と消費税」のP20　問7）

Section 5

公益法人等の合併・解散

1 合併

コロナ禍による資金難，財政難から公益法人等の合併が話題になり始めている。

しばしば質問を受けるのだが，公益法人と株式会社との合併はそれぞれの根拠法が異なるため，これを行うことができない。

これに対して公益法人同士や一般法人同士，公益法人と一般法人の合併は，一般法第５章（合併）の定めに従う限り特に問題はないため，今後も一般的になるであろう。

また，社団法人と財団法人の合併も可能である。

なお，公益法人が合併するに当たり，事業内容等を変更しようとする場合には行政庁から変更の認定を受ける必要がある（認定法 11 条）。

それ以外の場合には，あらかじめ行政庁に届け出なければならない（認定法 24 条）。

合併には吸収合併と新設合併があるのであるが，新設合併の場合において新設法人に公益法人の地位を承継させるためには，行政庁にその旨の認可を申請することになる（認定法 25 条）。

ここでの問題は，公益法人が合併により公益法人でなくなる場合に起きる他の公益法人等への財産の寄贈（認定法５条十七号）**と留保利益に対する留保金課税の問題である**（認定法 30 条，法人税法 64 条の 4）。

例えば，公益法人が合併により一般法人になった場合には，公益認定の取消しを受けた時と同様に，その時点における公益目的取得財産残額の寄贈の義務が発生する（74 頁参照）。

さらに公益法人が合併により法人税法上の普通法人になった場合や，非営利型一般法人が合併により法人税法上の普通法人になった場合には，過去の留保利益に対する留保金課税が行われる（228 頁参照）。

公益法人が合併により法人税法上の普通法人になった場合は，合併によって起こる公益法人の公益目的取得財産残額の寄贈と，この留保利益課税の両者が同時に適用される（ただし両者間の調整は行われる）ためダブルパンチとなり，結果的に合併により存続する財産はほとんどなくなってしまうため，これらのリスクをあらかじめ十分に理解しておかなければならない。

また，合併にはつきものであるが，合併後の経営上の主導権をどちらが握るのかも重要である。

大手銀行の合併を見てもわかるとおり，合併後にはどちらか一方の側の役職員しか残らないのが普通である。

まれに「たすき掛け人事」によりこの問題を回避しようとするケースもあるのだが，なかなかうまくいっている例はみあたらない。

特に吸収合併の場合は，合併された側（被合併法人）に対する十分な配慮が必要となる。

2 解散

さらに単純に公益法人が解散するというケースも出てくるだろう。

公益法人が解散する際には，定款で定めた団体への財産の寄贈が必要となる（76 頁参照）。

ここでも公益性と非営利性の観点から，基本財産の寄付者や社団法人の社員などの関係者に残余財産を分配することはできないため，解散に至る意思決定は容易でないことが想定される。

コロナ禍による法人の財務への影響が一時的であればよいのであるが，恒久的なものとなるのであれば，解散に係る判断も必要になってくるかもしれない。

なお，社団法人の場合には社員総会で解散の決議を行うことができる一方で（一般法 148 条三号），財団法人の場合には評議員会で解散の決議を行うことはできないと解されているため，定款において法人の存続期間を定めるなどの工夫がいる。

解散・清算の手続きとしては，解散の登記（一般法 324 条），清算人の登記（一般法 326 条），清算人に関する変更の登記（一般法 327 条）及び清算結了の登記（一般法 328 条）の順に登記することになる。

なお，合併・解散について詳しく知りたい方は，公益財団法人　公益法人協会から出版されている『公益法人・一般法人の運営実務』をご参照頂きたい。

Section 6 電子帳簿保存法について

最後に最近質問の多い電子帳簿保存法について，その概要を見ておこう。

税法で義務付けられている帳簿書類が電子データのままでの保存が前提になるなど，電子帳簿保存法に関する大幅な法改正が令和４年１月１日に施行されている（ただし，実質上の２年間の実施猶予期間有り）。

なかでも，次の３つのポイントが重要であると考えられる。

イ　対象となる税は法人税と所得税である。

ロ　電子取引によるデータは電子での保存が義務化されている（真実性の要件）。これにはタイムスタンプを用いる方法，履歴の残るシステムにする方法のほか，改ざん防止のための事務処理規程（国税庁ホームページのひな型をご参照下さい）を定める方法がある。

　タイムスタンプを用いる方法はコストがかかるため，中小法人には履歴の残るシステムにする方法か，改ざん防止のための事務処理規程を定める方法をお勧めしたい。

ハ　日付，金額，取引先が容易に検索可能なように，ファイルの命名ルールを決めておく必要がある（可視性の要件）。

対象となる帳簿等は次のとおりである。このうち下記の取引関係書類（相手方へ交付した写し及び相手方が発行したもの）について，それが電子取引による場合には，電子保存が義務となる。

帳簿	自己が PC で作成した帳簿	総勘定元帳、売上帳、仕入帳等
書類	自己が PC で作成した決算書類	貸借対照表、正味財産増減計算書等
	取引関係書類（相手方へ交付した写し及び相手方が発行したもの）	契約書、注文書、請求書、納品書、領収書等

索　引

【あ行】

一般正味財産……194

【か行】

解散……239
合併……238
ガバナンス・コード……217
簡便方式……132
管理運営費用額……115
管理費……39
基金……46
技術的能力……33
共益……5
共益的活動を目的とする法人…218
経理的基礎……31
公益……6
公益実施費用額……115
公益性……34
公益法人等が普通法人に移行する
場合……229
公益目的事業……2
公益目的事業会計……37
公益目的財産残額……136, 219
公益目的事業財産
……74, 135, 136, 180
公益目的事業比率……64, 114
公益目的取得財産残額
……74, 135, 136, 178, 229
公益目的増減差額…135, 137, 178
公益目的保有財産
……135, 136, 137, 178
控除対象財産
……135, 137, 144
個別対応方式……131

【さ行】

財務三基準……43
34 業種（特掲事業）……221
事業費……39
資金取得資金
……135, 138, 143, 180
資金調達及び設備投資見込み……80
資産取得資金積立額……51, 53
実費弁償の受託義務……222
指定正味財産……194, 222
社員総会の決議……213
収益事業会計……37
収益事業等……37, 63

収益実施費用額……115
収支相償……39, 106
収支相償規定……37
受託責任……195
剰余金が生じた場合……53
人件費に使途が特定されている補助金……236

【た行】

他会計振替額……112
多段階累積排除方式……232
電子帳簿保存法……241
特定支出……233
特定収入……231, 233
特定収入以外の収入……233
特定費用準備資金……43, 135, 137, 143
特別の関係……69
特別の利益……33, 34, 219

【は行】

非営利型法人……217
非営利性……34
非営利性が徹底された法人……218
非課税売上……231
評議員会の決議……213
不可欠特定財産……136
不特定多数の者の利益……2
ポートフォリオ運用……36

【ま行】

みなし寄附金……220

【や行】

遊休財産額……5, 134, 135, 138, 141
予算差引簿……32

【ら行】

リサイクル仕訳……196, 197
理事会決議……208
理事会決議の省略……209
理事会のみなし決議……208
留保金課税……228

〈著者紹介〉

都井　清史　(とい　きよし)

神戸大学経営学部会計学科卒業
　公認会計士　税理士
　元総務省　公益法人会計基準案研究委員会委員
　元総務省　公益法人会計基準実施検討委員会委員
　現公益財団法人　公益法人協会　相談室専門委員

著者との契約により検印省略

2022年7月15日　初版発行

公益法人等の諸問題の解決策
認定申請・定期提出書類作成の勘所

著者	都井清史
発行者	大坪克行
印刷所	美研プリンティング株式会社
製本所	牧製本印刷株式会社

発行所　東京都新宿区下落合2丁目5番13号　株式会社 税務経理協会

郵便番号 161-0033　振替 00190-2-187408　電話 (03) 3953-3301 (編集部)
FAX (03) 3565-3391　(03) 3953-3325 (営業部)

URL　http://www.zeikei.co.jp/

乱丁・落丁の場合はお取替えいたします。

ISBN978-4-419-06864-6　C3032